유틸리티와 함께하는

초판 발행일 | 2025년 2월 10일
지은이 | 해람북스 기획팀
펴낸이 | 최용섭
총편집인 | 이준우
기획진행 | 김미경
표지디자인 | 김영리

주소 | 서울시 용산구 한남대로 11길 12, 6층
문의전화 | 02-6337-5419
팩스 | 02-6337-5429
홈페이지 | https://class.edupartner.co.kr

발행처 | (주)미래엔에듀파트너　**출판등록번호** | 제2020-000101호

ISBN 979-11-6571-226-6   13000

이 책은 저작권법에 따라 보호받는 저작물이므로 무단전재와 무단복제를 금지하며, 이 책 내용의 전부 또는 일부를 이용하려면 반드시 저작권자와 (주)미래엔에듀파트너의 서면동의를 받아야 합니다.

※ 잘못된 책은 바꾸어 드립니다.
※ 책 가격은 뒷면에 있습니다.

상담을 원하시거나 아이가 컴퓨터 수업에 참석할 수 없는 경우에 아래 연락처로 미리 연락주시기 바랍니다.

★ 컴퓨터 선생님 성함 : _____   ★ 내 자리 번호 : _____

★ 컴퓨터 교실 전화번호 : _____

★ 나의 컴교실 시간표   요일 : _____   시간 : _____

※ 학생들이 컴퓨터실에 올 때는 컴퓨터 교재와 필기도구를 꼭 챙겨서 올 수 있도록 해 주시고, 인형, 딱지, 휴대폰 등은 컴퓨터 시간에 꺼내지 않도록 지도 바랍니다.

시간표 및 출석 확인란입니다. 꼭 확인하셔서 결석이나 지각이 없도록 협조 바랍니다.

_____ 월

월	화	수	목	금

시간표 및 출석 확인란입니다. 꼭 확인하셔서 결석이나 지각이 없도록 협조 바랍니다.

_____ 월

월	화	수	목	금

시간표 및 출석 확인란입니다. 꼭 확인하셔서 결석이나 지각이 없도록 협조 바랍니다.

_____ 월

월	화	수	목	금

나의 타자 단계

이름 : _____

⭐ 오타 수가 5개를 넘지 않는 친구는 선생님께 확인을 받은 후 다음 단계로 넘어가서 연습합니다.

자리 연습	1단계	2단계	3단계	4단계	5단계	6단계	7단계	8단계
보고하기								
안보고하기								

낱말 연습	1단계	2단계	3단계	4단계	5단계	6단계	7단계	8단계
보고하기								
안보고하기								

자리연습	1번 연습	2번 연습	3번 연습	4번 연습	5번 연습	6번 연습	7번 연습	8번 연습
10개 이상								
20개 이상								
30개 이상								

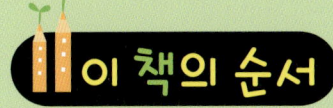

컴퓨터와 친구하기

01	수족관 화면 보호기 감상하기	6
02	PDF 문서 읽기	11
03	현장 체험학습 맵 만들기	16
04	식물도감 맵 만들기	20
05	알 모양 폴더 만들기	25
06	글꼴 설치하기	29
07	바탕화면 확대하기	33
08	화면 캡처하여 강좌 만들기	37
09	회장선거 광고지 만들기	43
10	움직이는 그림 만들기	48
11	똑똑한 비서 만들기	53
12	나만의 아이콘 만들기	58
13	우리집 욕실 디자인하기	63
14	우리집 거실 디자인하기	68
15	문화축제 동영상 만들기	73
16	음악과 자막이 있는 동영상 만들기	78

솜씨 어때요? ………… 83

01 수족관 화면 보호기 감상하기

학습목표
- 프로그램을 다운로드 받아 설치해요.
- 화면 보호기 환경을 설정해요.

▶ 설치 파일 : 수족관화면보호기.exe

톡톡! 유틸리티

컴퓨터를 이용하다가 잠시 자리를 비우거나 사용하지 않을 경우, 자동으로 화면 전체에 특정 프로그램이 실행되는 것을 '화면 보호기'라고 해요. 이런 화면 보호기는 윈도우 프로그램에서도 제공하고 있어요. 이번 시간에는 윈도우 프로그램에서 제공하는 화면 보호기 외에 화려하고 소리도 나는 '수족관 화면 보호기' 프로그램을 다운로드 받아 설치하고 화면 보호기를 감상해 보도록 해요.

미션1 수족관 화면 보호기 프로그램을 다운로드 받아 보아요.

① 네이버 홈페이지에 접속한 후 검색창에 'Sim Aquarium'을 검색하여 나타나는 첫 번째 사이트에 접속합니다. 이어서 화면에 나타나는 [DOWNLOAD]를 클릭합니다.

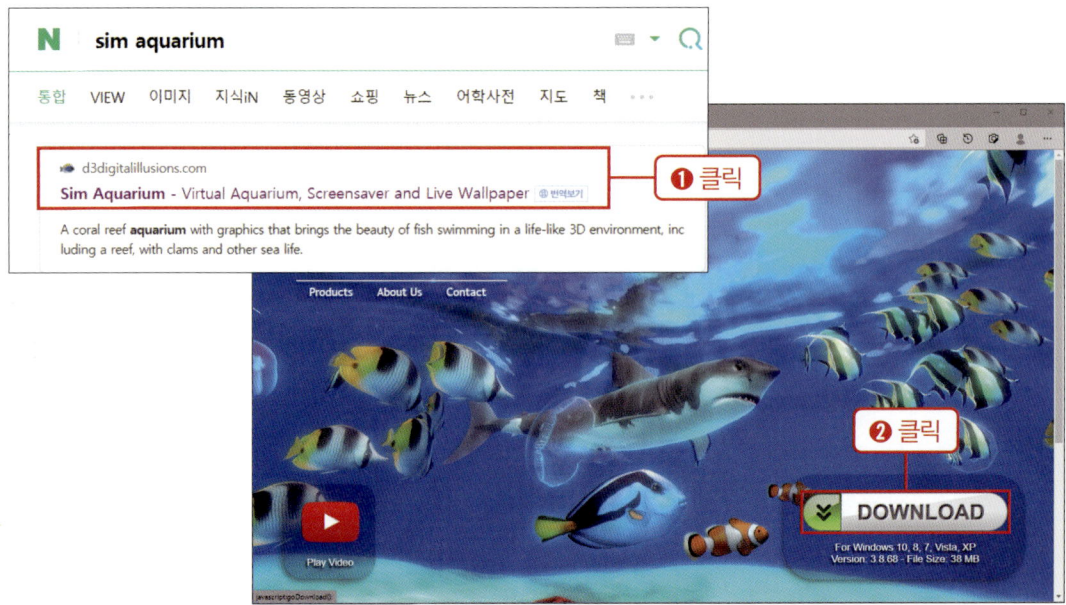

❷ 다운로드 받은 'SimAQUARIUM-V3.8.B68.exe' 파일을 더블클릭합니다.

❸ [이 앱이 디바이스를 변경하도록 허용하시겠어요?] 대화상자가 나타나면 [예] 단추를 클릭한 후 [Next] 단추를 계속해서 클릭하여 프로그램을 설치하고 [Finish] 단추를 클릭합니다.

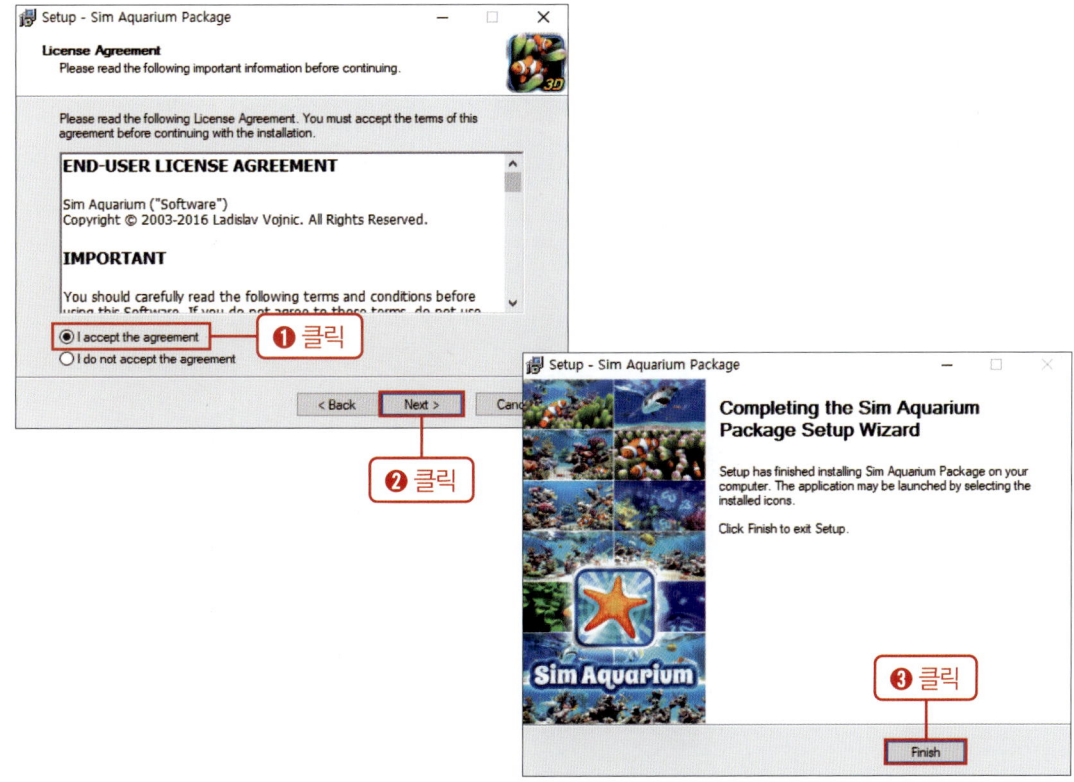

 **미션 2** **화면 보호기 환경을 설정해 보아요.**

① 프로그램이 설치되고 프로그램을 시작할 것인지 묻는 대화상자가 나타나면 [예] 단추를 클릭하여 수족관 화면 보호기가 실행되는 것을 확인합니다.

② 화면을 클릭하면 나타나는 메뉴 중 오른쪽 메뉴에서 원하는 화면 보호기 배경을 선택합니다.

클릭

 **TiP**
배경 그림 오른쪽 하단에 자물쇠 모양이 표시되어 있는 경우에는 미리보기만 가능해요. 선택한 배경을 화면 보호기로 사용하려면 별도로 구입을 해야 해요.

③ 왼쪽 메뉴에서 원하는 물고기와 물고기 수를 선택해 보세요.

Tip 물고기 그림 하단의 초록색 바를 움직이면 물고기 수를 조절할 수 있어요.

④ 화면 보호기 하단의 [Settings]를 클릭하여 화면 중앙에 설정 대화상자가 나타나면 'Fish Speed' 값을 조절해 봅니다.

01   혼자 할 수 있어요!

01 화면 보호기의 배경과 소리를 그림과 같이 설정해 보세요.

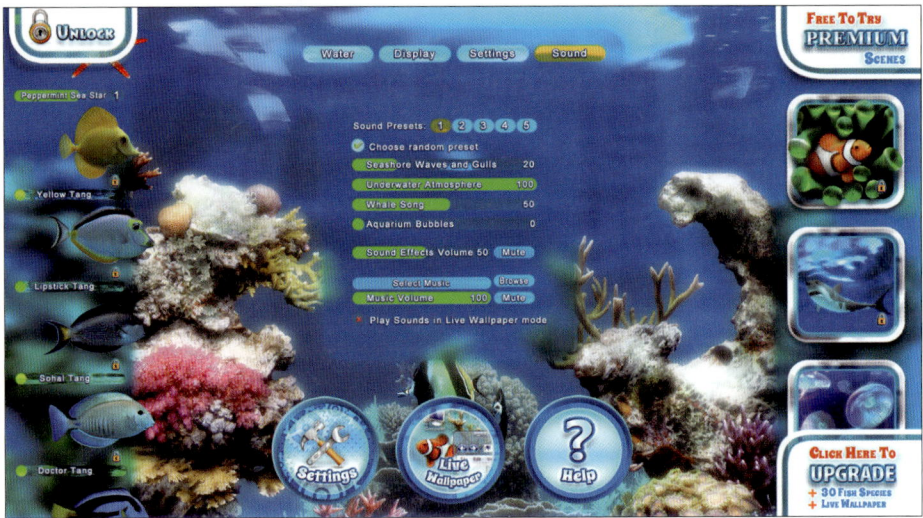

02 바탕화면에서 마우스 오른쪽 단추를 클릭하고 [개인 설정]-[잠금 화면]-[화면 보호기 설정]을 클릭한 후 그림과 같이 화면 보호기를 설정하고 결과를 확인해 보세요.

02 PDF 문서 읽기

학습목표

- PDF 문서를 열어 내용을 확인해요.
- PDF 문서 내용을 복사하여 붙여 넣어요.

▶ 설치 파일 : 별PDF리더.exe
▶ 예제 파일 : 자전거교육.pdf

톡톡! 유틸리티

PDF 파일은 한글이나 파워포인트 프로그램과 비슷하지만 글이나 그림, 표 등을 예쁜 디자인으로 꾸며 안내문을 만들거나 책 모양으로 나타낼 때 사용하는 문서 형식이에요. 이런 PDF 형식의 내용을 확인하려면 여러분의 컴퓨터에 별도의 프로그램이 설치되어 있어야 해요. 이번 시간에는 '별PDF리더' 프로그램을 이용하여 PDF 문서를 확인하고 원하는 내용을 복사하여 새로운 한글 파일로 만들어 보아요.

미션 1 PDF 문서를 열어 내용을 확인해 보아요.

① 설치 파일 폴더에서 '별PDF리더' 프로그램을 더블클릭하여 설치한 후 프로그램이 실행되면 [파일] 탭-[열기]를 클릭하여 '자전거교육.pdf' 파일을 불러옵니다.

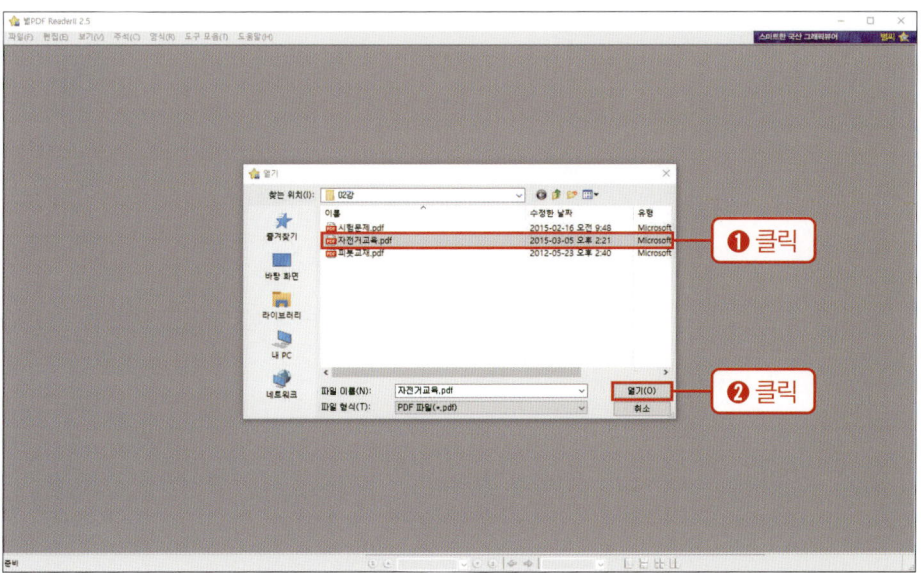

② 문서가 열리면 [Page Down] 을 누르거나 마우스 휠을 당겨 다음 페이지의 내용을 확인해 봅니다.

③ [문서의 크기를 화면의 너비에 맞게 보여줍니다(▥)]와 [페이지를 나란히 보기(▥)]를 순서대로 클릭하여 책 모양으로 내용을 확인해 봅니다.

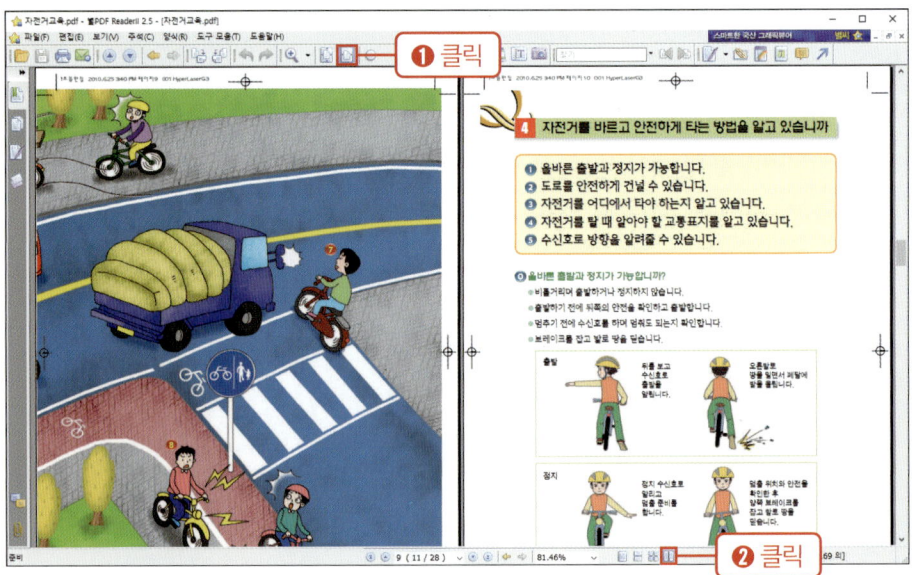

 **문서의 내용을 복사하여 붙여 넣어 보아요.**

① 문서의 2페이지로 이동한 후 [텍스트만 복사하기(📋)]를 클릭하여 마우스 포인터의 모양이 바뀌면 복사할 텍스트를 드래그하여 영역을 지정합니다.

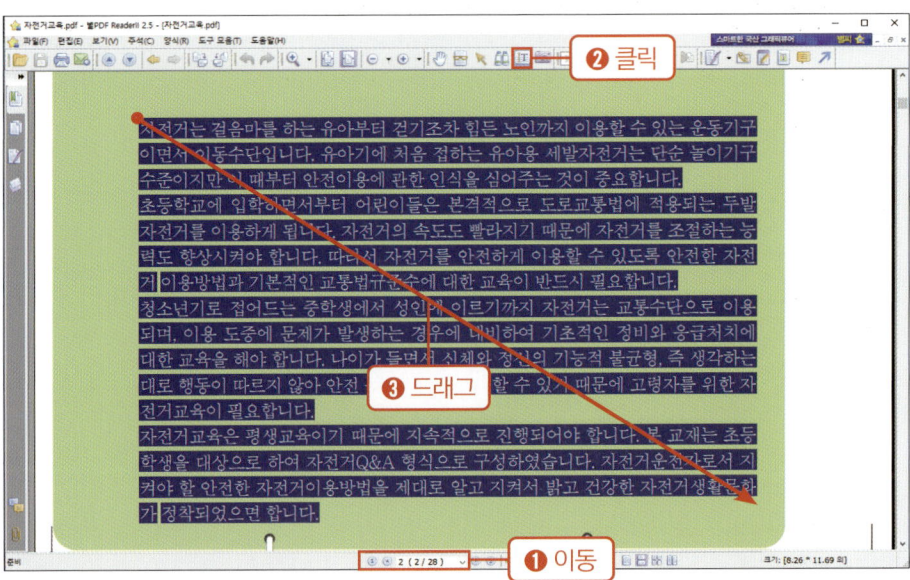

② 텍스트가 선택된 영역에서 마우스 오른쪽 단추를 클릭한 후 [클립보드로 복사]를 클릭합니다.

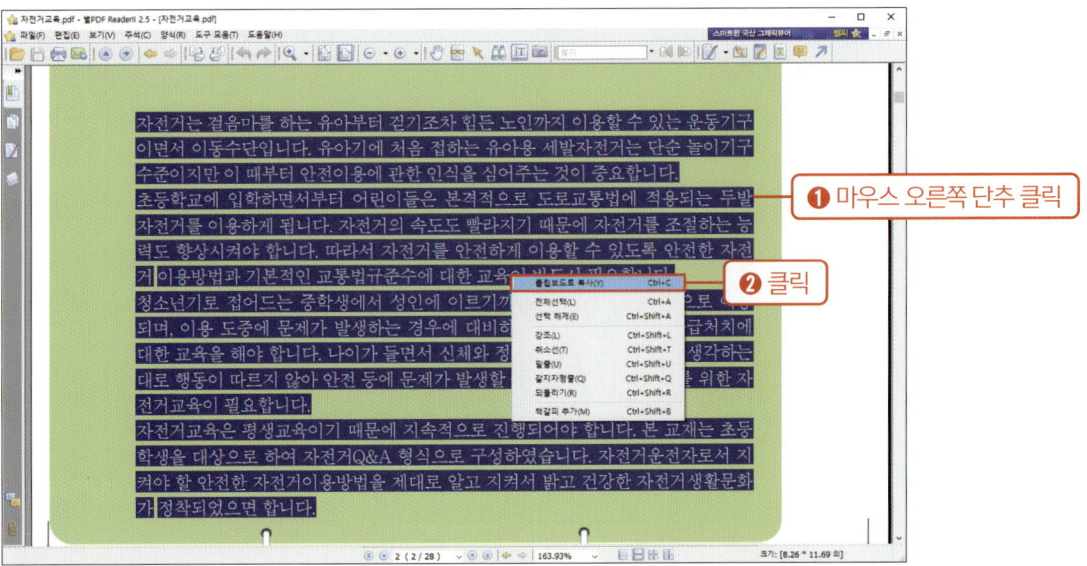

❸ [한글] 프로그램을 실행한 후 [편집] 탭-[붙이기(🗐)]를 클릭하여 클립보드에 복사된 내용이 표시되는 것을 확인합니다.

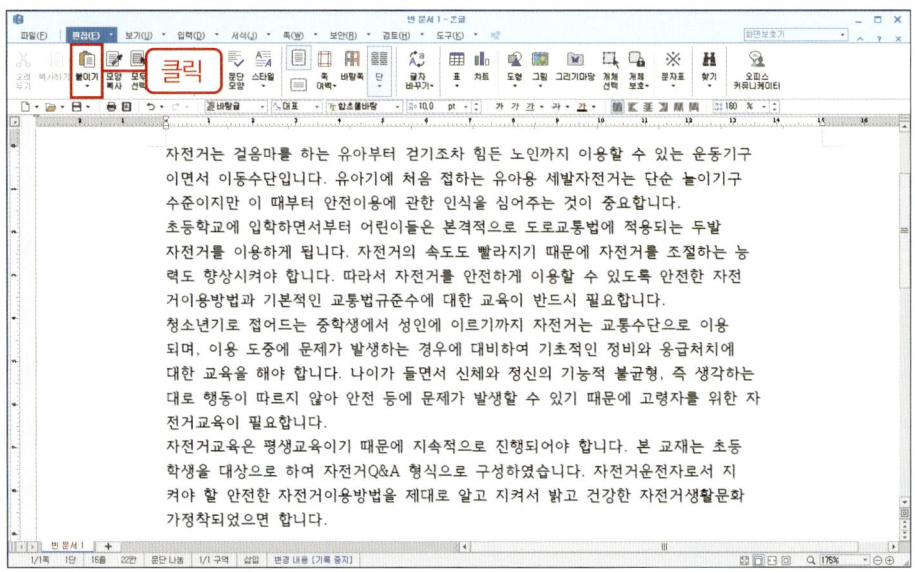

❹ 다시 '별PDF리더' 화면으로 돌아와 6페이지로 이동하여 [스냅샷(📷)]을 클릭하고 마우스 포인터의 모양이 바뀌면 그림과 같이 드래그한 후 [확인] 단추를 클릭합니다.

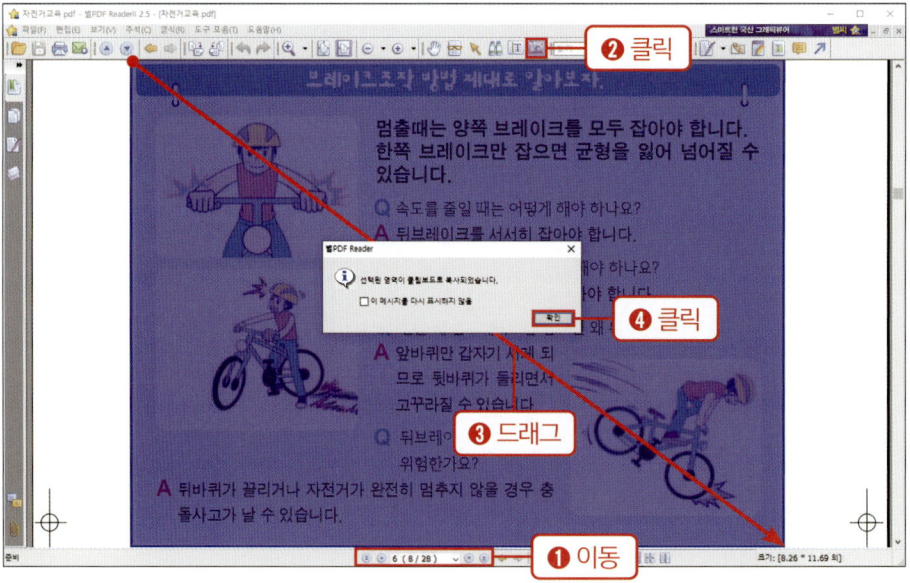

❺ [한글] 프로그램에서 [편집] 탭-[붙이기(🗐)]를 클릭하여 클립보드에 복사된 이미지를 붙여 넣어 봅니다.

혼자 할 수 있어요!

• 예제 파일 : 시험문제.pdf

01 예제 파일을 불러온 후 3페이지의 내용이 표시되도록 화면 보기 상태를 설정해 보세요.

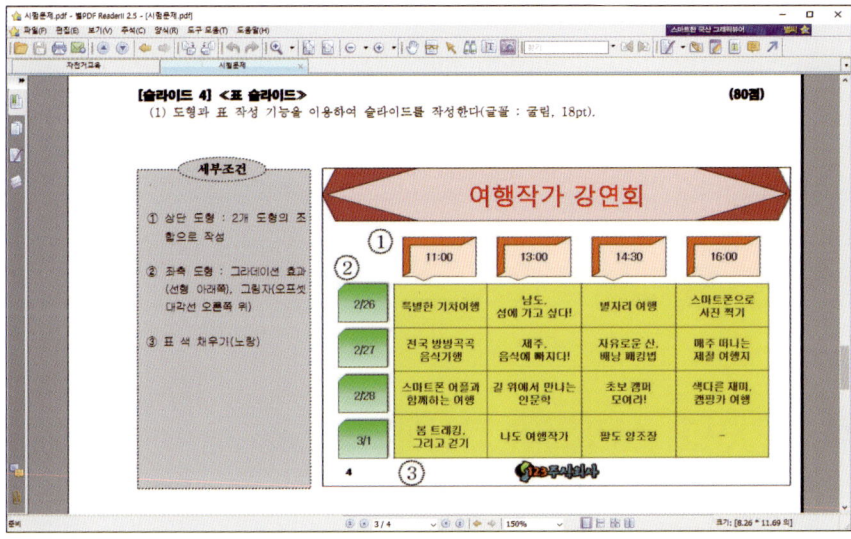

02 스냅샷(📷) 기능을 이용하여 4페이지의 '슬라이드 5' 내용을 [한글] 프로그램에 붙여 넣어 보세요.

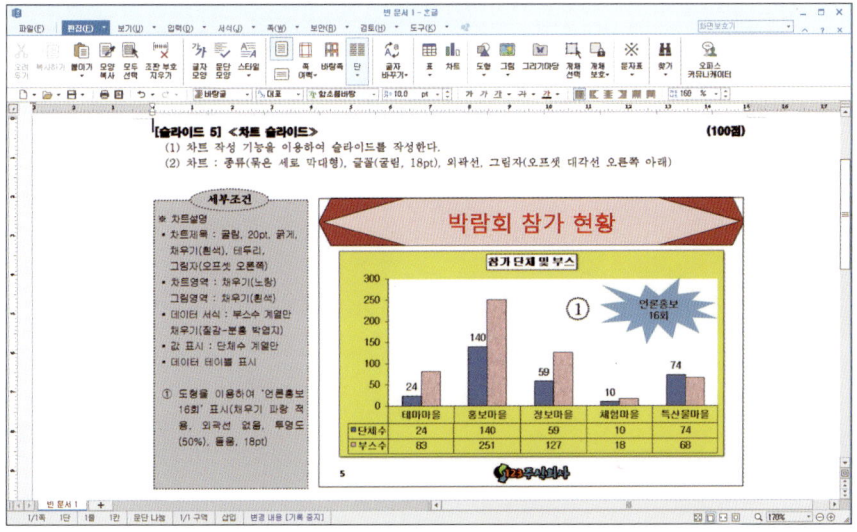

03 현장 체험학습 맵 만들기

학 습 목 표
- 토픽을 삽입하고 토픽 스타일을 지정해요.
- 토픽의 크기와 위치를 변경해요.

▶ 설치 파일 : ALMind_Lite_171.exe

톡톡! 유틸리티

알마인드 프로그램을 이용하면 친구들의 머릿속에 있는 복잡한 생각이나 문제들을 간단한 단어나 도형들로 간략하게 정리할 수 있어요. 이번 시간에는 어려운 숙제나 고민들을 알마인드 프로그램으로 쉽게 정리하고 해결하는 방법을 알아보아요.

미션 1 토픽을 삽입하고 스타일을 지정해 보아요.

① 설치 파일 폴더에서 'ALMind_Lite_171.exe' 프로그램을 더블클릭하여 설치한 후 프로그램이 실행되면 '가지형' 테마를 선택하고 [확인] 단추를 클릭합니다.

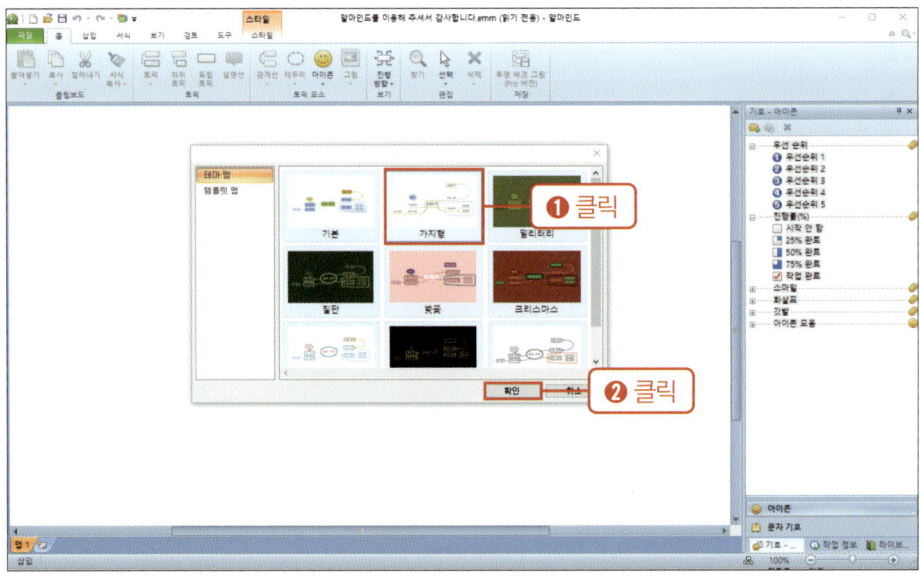

❷ '중심토픽'이 적힌 상자가 나타나면 내용을 '현장 체험학습'으로 수정하고 상자를 선택한 후 [스타일] 탭-[토픽 스타일] 그룹의 [자세히]를 클릭하여 원하는 토픽 스타일을 선택합니다.

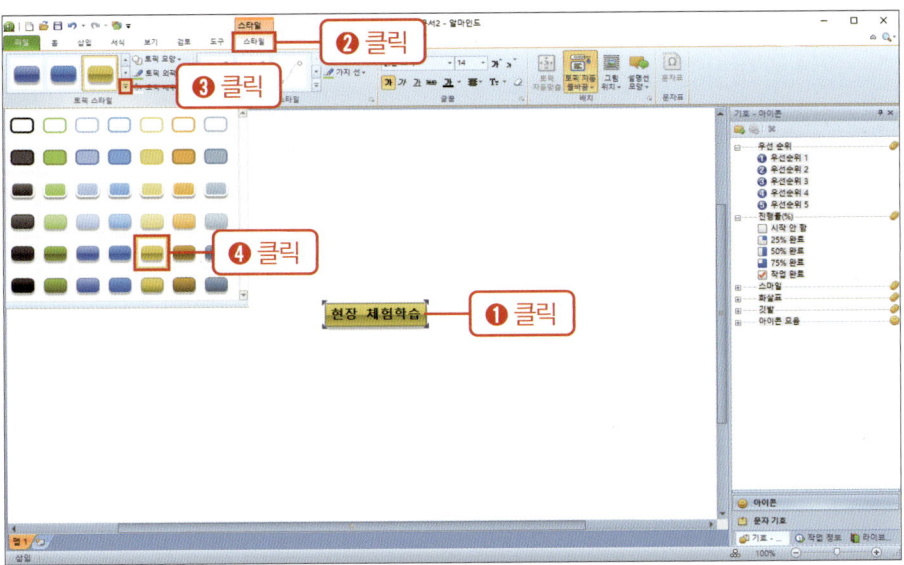

❸ '현장 체험학습' 중심토픽에 마우스 포인터를 위치시킨 후 추가 아이콘이 표시되면 원하는 방향으로 드래그하여 토픽을 추가하고 내용을 입력해 봅니다.

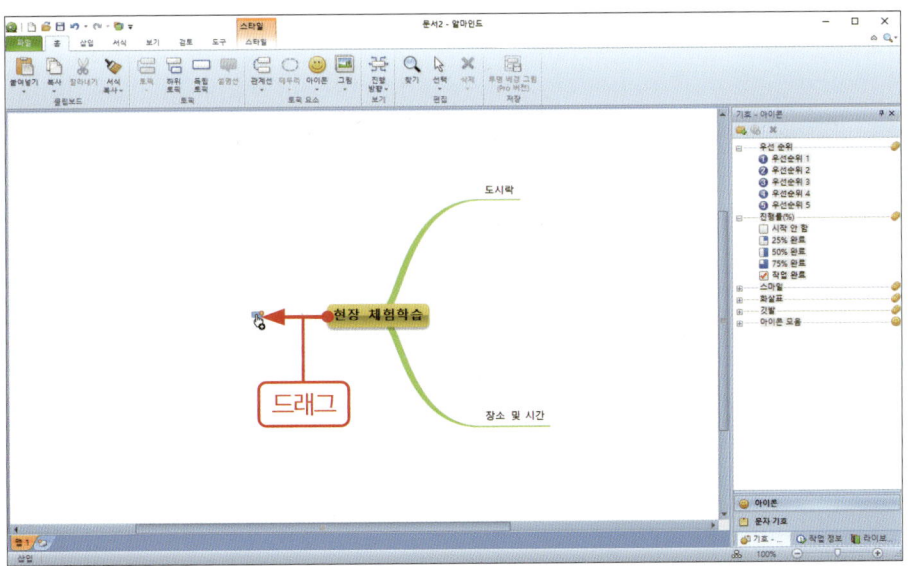

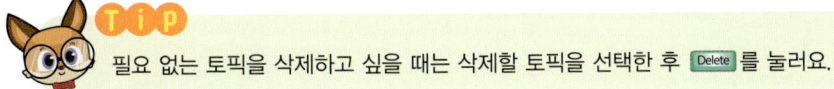

필요 없는 토픽을 삭제하고 싶을 때는 삭제할 토픽을 선택한 후 Delete 를 눌러요.

 **토픽의 크기와 위치를 변경해 보아요.**

① 그림과 같이 토픽을 추가한 후 토픽 스타일을 지정하고 각 토픽의 크기 조절점을 드래그하여 토픽의 크기를 조절합니다.

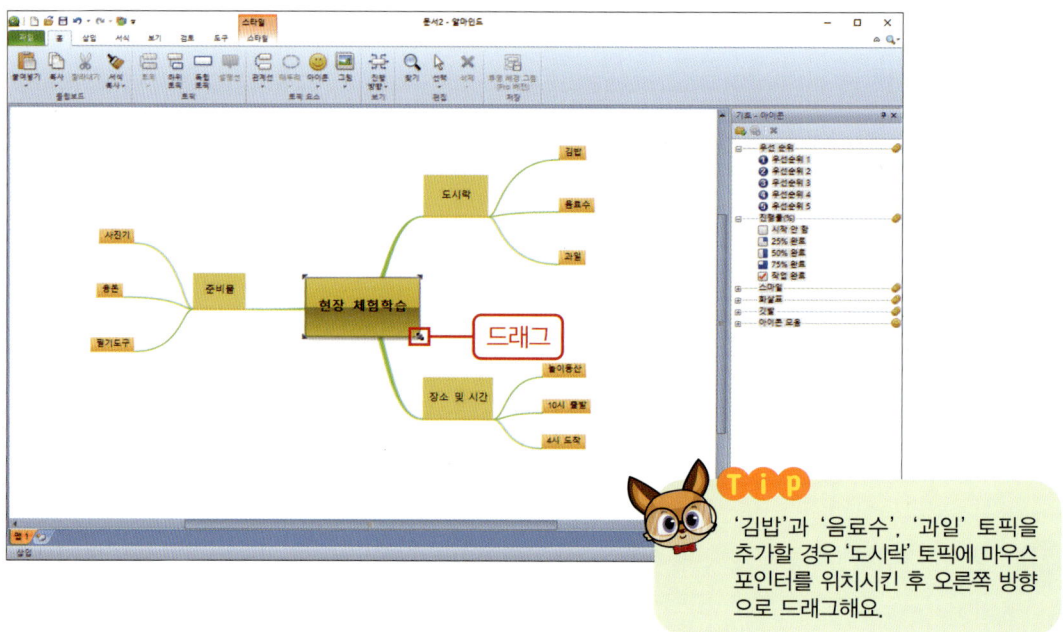

Tip '김밥'과 '음료수', '과일' 토픽을 추가할 경우 '도시락' 토픽에 마우스 포인터를 위치시킨 후 오른쪽 방향으로 드래그해요.

② 위치를 변경할 토픽을 선택한 후 이동 아이콘이 표시되면 원하는 곳으로 드래그하여 그림과 같이 토픽을 이동시켜 봅니다.

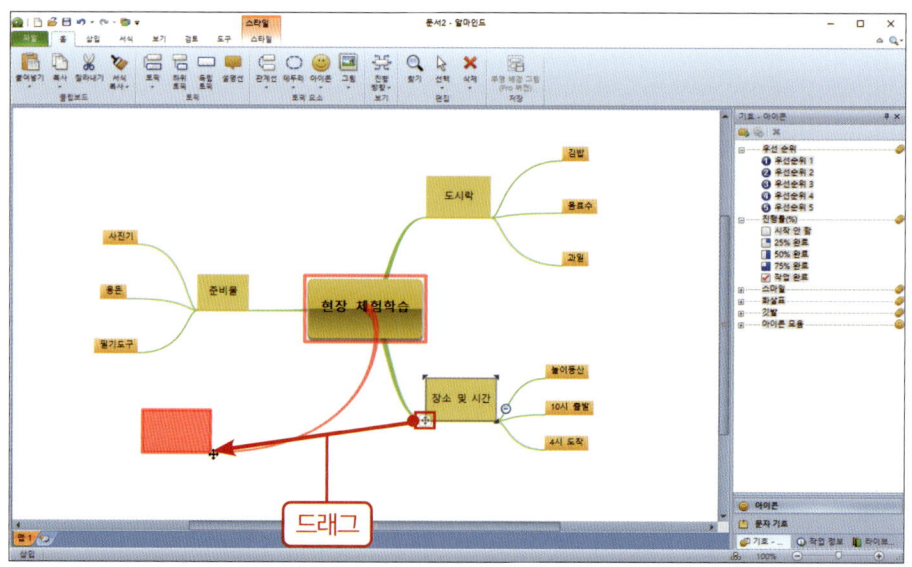

03   혼자 할 수 있어요!

01 '항만' 테마를 이용하여 그림과 같은 맵을 만들어 보세요.

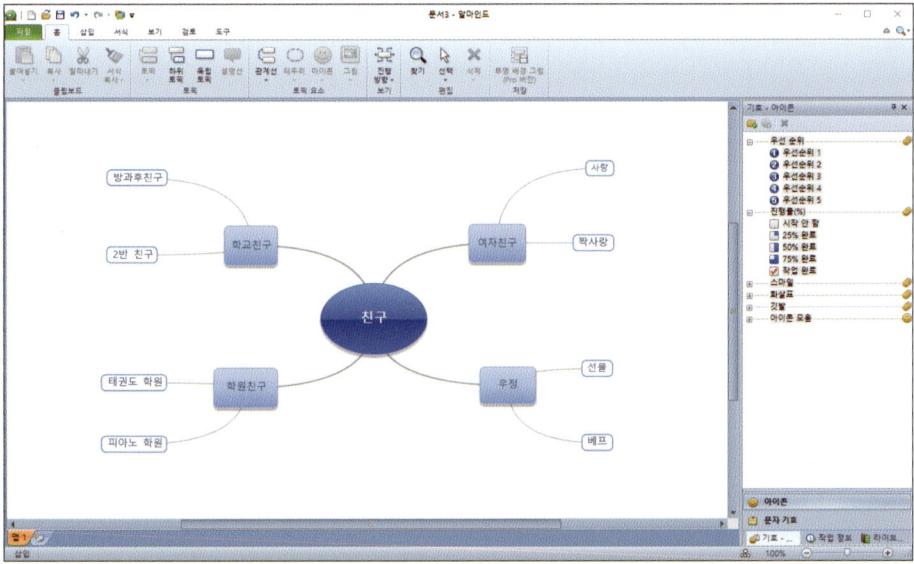

02 '네온사인' 테마를 이용하여 그림과 같은 맵을 만들어 보세요.

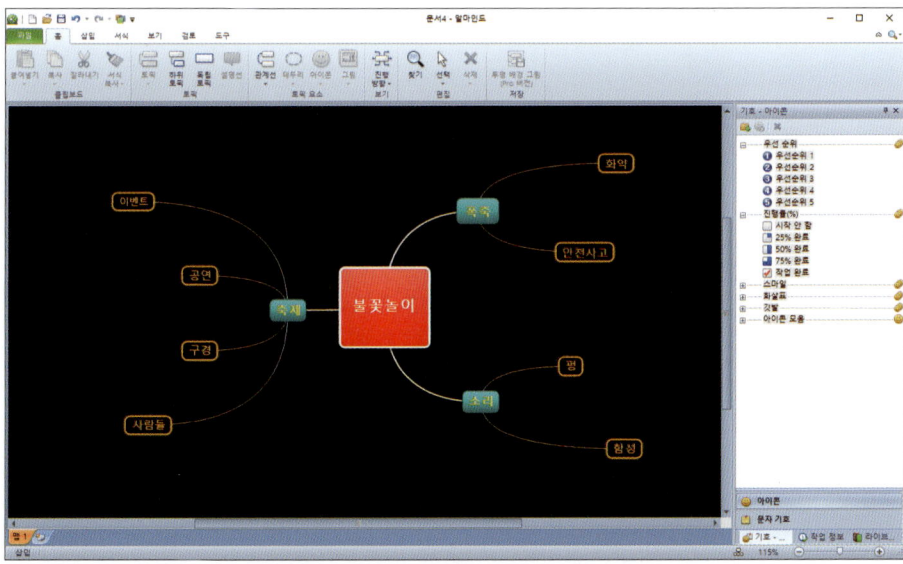

04 식물도감 맵 만들기

학습목표
- 내용을 입력할 노트를 삽입해요.
- 그림을 삽입하고 위치를 지정해요.

▶ 설치 파일 : ALMind_Lite_171.exe
▶ 예제 파일 : 바나나.png, 사과.png, 복숭아.png, 포도.png, 수박.png

톡톡! 유틸리티

알마인드 프로그램을 이용해 다양한 모양의 맵을 만들었다면, 이번 시간에는 노트를 이용하여 좀 더 많은 설명글을 입력한 후 서식을 꾸미거나 토픽에 입력된 단어에 알맞은 그림을 삽입하고, 크기와 위치를 자유롭게 지정해 보아요.

미션1 내용을 입력할 노트를 삽입해 보아요.

 [알마인드] 프로그램을 실행한 후 '기본' 테마를 선택합니다. 이어서 그림과 같이 토픽을 삽입한 후 글꼴 서식을 지정합니다.

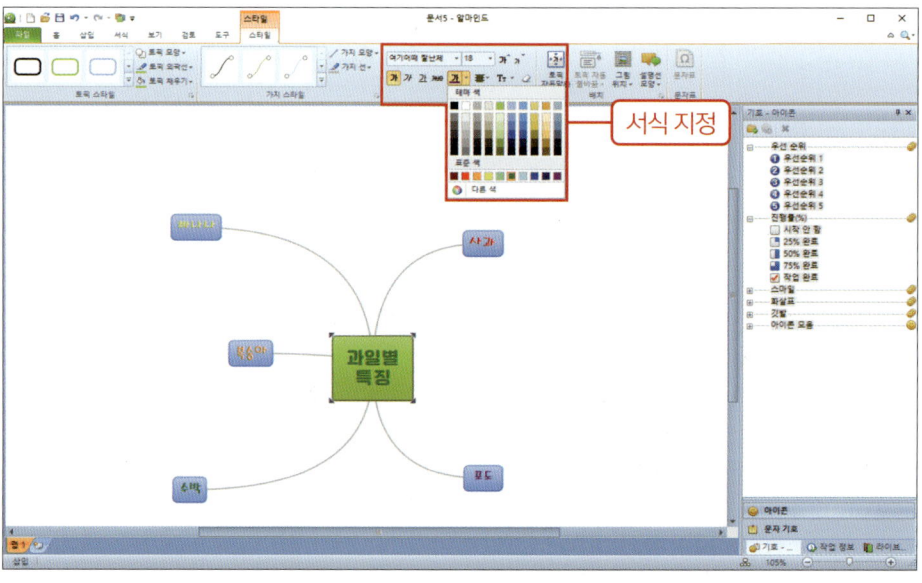

2 '사과' 토픽을 선택한 후 [삽입] 탭-[노트(📝)]를 클릭합니다.

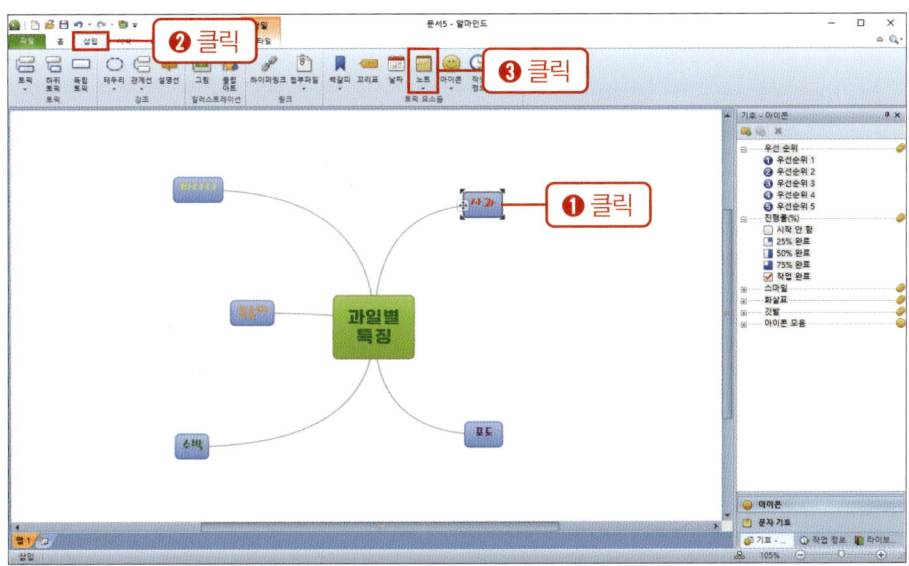

3 내용을 입력할 수 있는 상태가 되면 그림과 같이 각각 노트를 삽입한 후 내용을 입력하고 토픽의 크기를 변경해 봅니다.

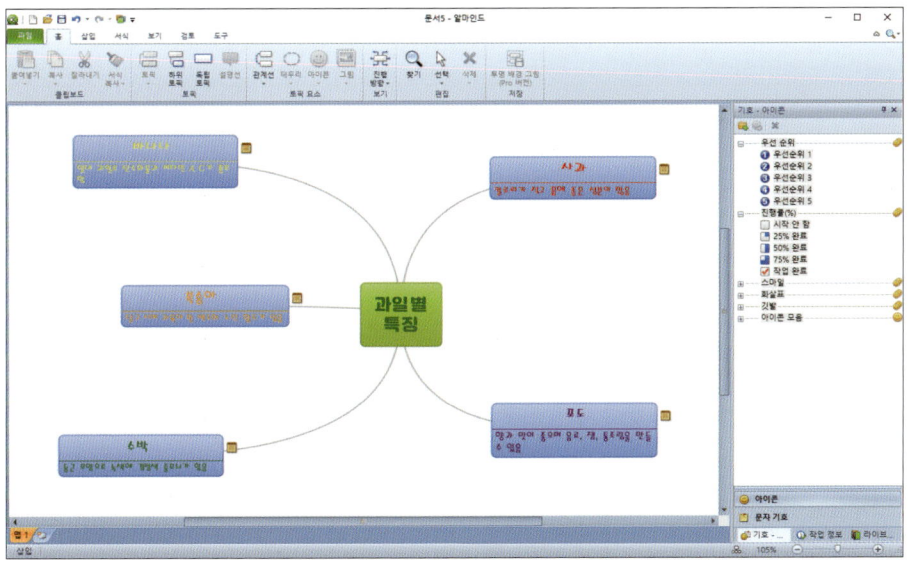

미션 2 그림을 삽입하고 위치를 지정해 보아요.

① '사과' 토픽을 선택한 후 [홈] 탭-[그림(📷)]을 클릭하여 [열기] 대화상자가 나타나면 '사과' 파일을 선택하고 [열기] 단추를 클릭합니다.

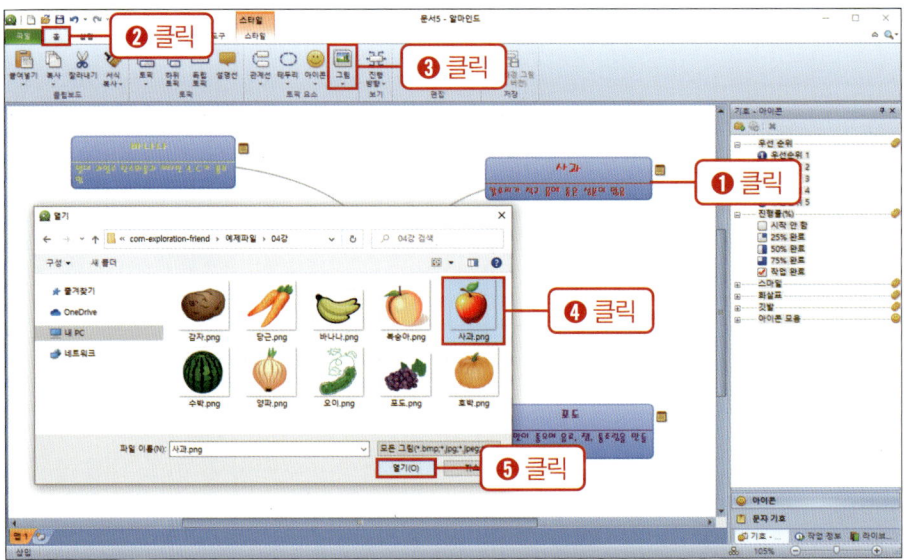

② '사과' 그림이 삽입되면 [스타일] 탭-[그림 위치(📷)]-[위쪽]을 클릭합니다.

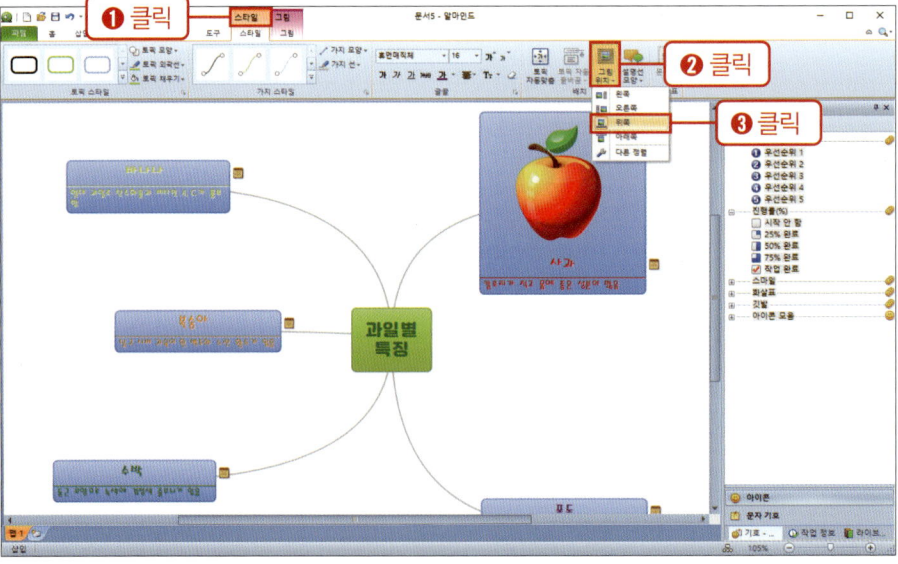

❸ 삽입된 그림을 선택한 후 크기 조절점을 드래그하여 크기를 조절합니다.

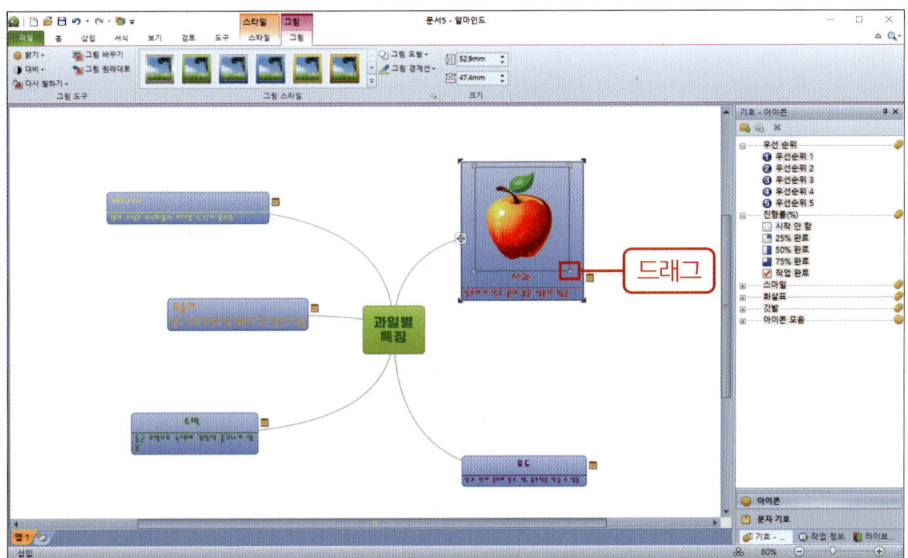

❹ 같은 방법으로 각 토픽에 그림을 삽입한 후 크기와 위치를 지정해 봅니다.

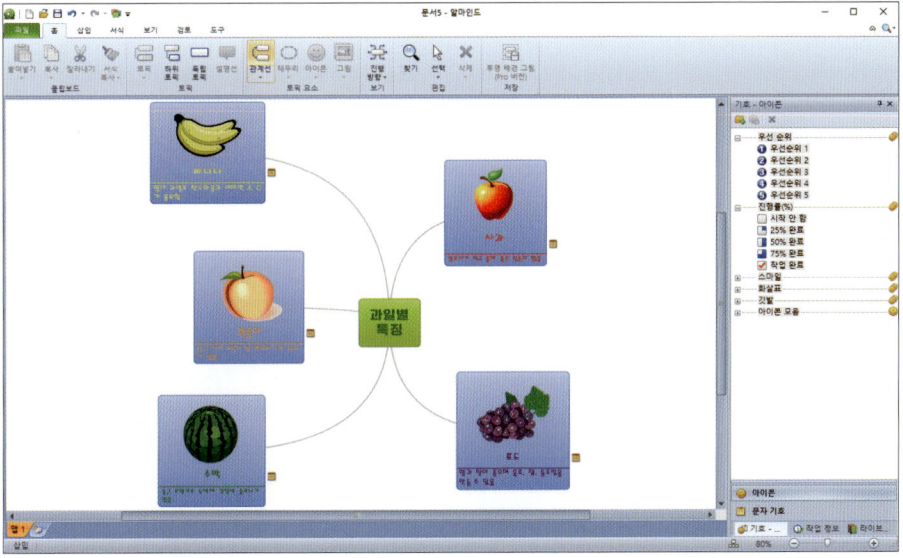

04 혼자 할 수 있어요!

• 예제 파일 : 당근.png, 감자.png, 호박.png, 오이.png, 양파.png

01 '칠판' 테마를 이용하여 그림과 같은 맵을 만들고 노트를 삽입한 후 서식을 지정해 보세요.

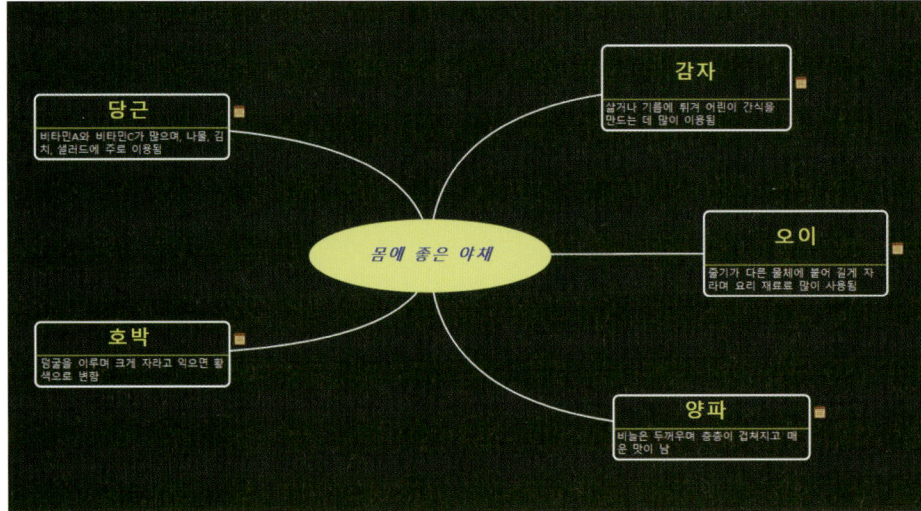

02 그림을 삽입한 후 그림과 같이 크기와 위치를 지정해 보세요.

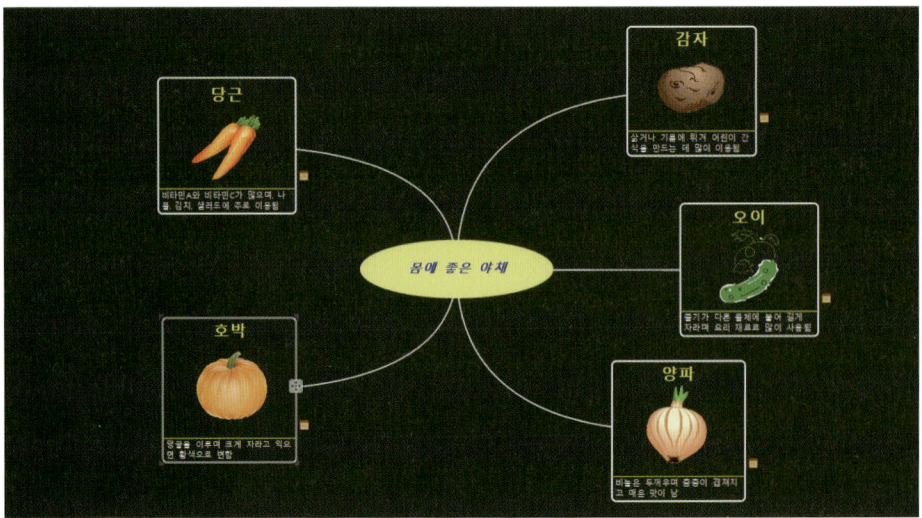

05 알 모양 폴더 만들기

학습목표
- 알 모양으로 파일을 압축해요.
- 폴더의 모양을 변경해요.

▶ 설치 파일 : ALZip1201.exe
▶ 예제 파일 : 포유류1.jpg~포유류4.jpg

톡톡! 유틸리티

컴퓨터의 저장 공간을 확보하기 위해 다양한 파일들을 압축해서 보관하면 좋아요. 이번 시간에는 여러 파일들을 알 모양의 폴더로 압축해 보고, 폴더의 모양을 다양하게 변경해 보아요.

미션1 알 모양으로 파일을 압축해 보아요.

① 설치 파일 폴더에서 'ALZip1201.exe' 파일을 더블클릭하여 설치합니다.

② 예제 파일 폴더에서 '포유류1'~'포유류4' 파일을 선택하고 마우스 오른쪽 단추를 클릭한 후 [알집으로 압축하기]를 클릭합니다.

❸ [새로 압축] 대화상자가 나타나면 압축 파일의 이름과 저장 위치를 지정한 후 [압축] 단추를 클릭합니다.

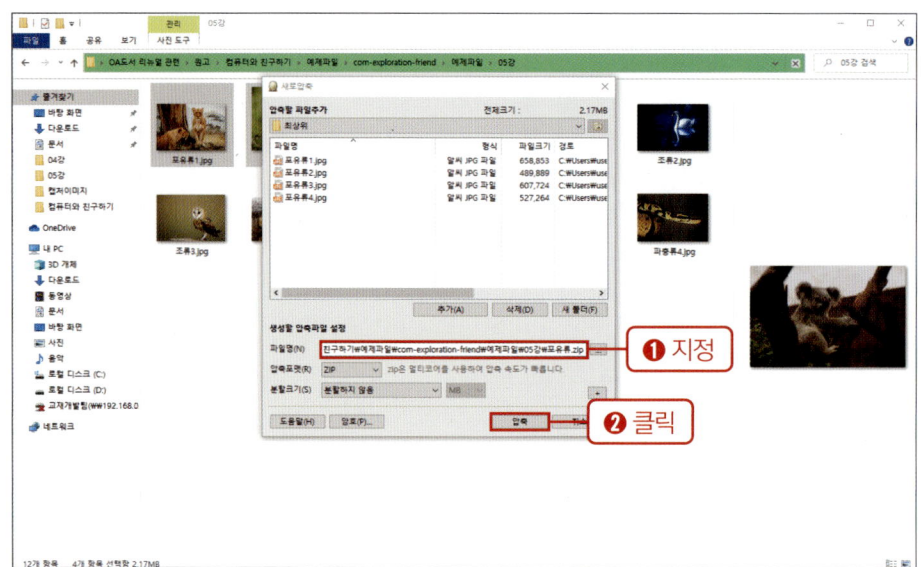

❹ 알 모양의 '포유류' 압축 폴더가 생성된 것을 확인합니다.

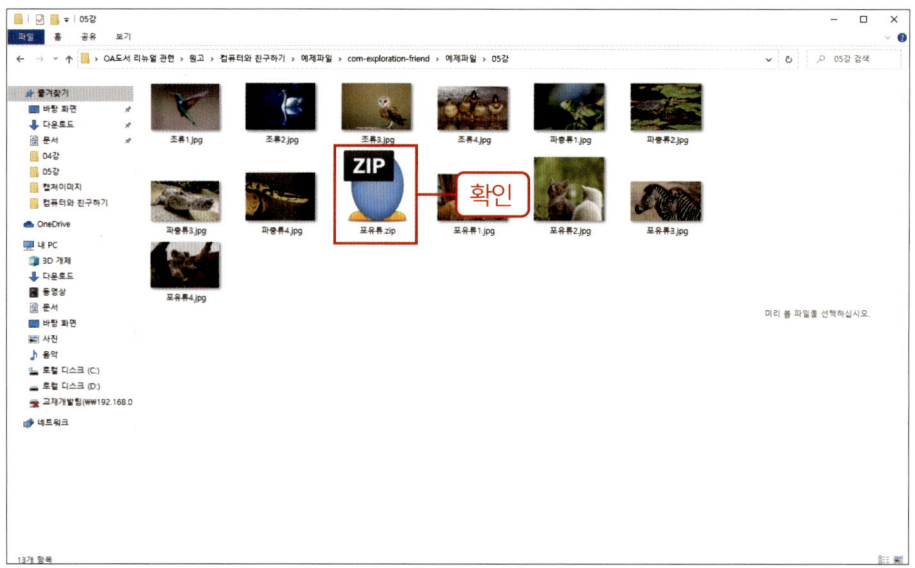

 **미션 2** 폴더의 모양을 변경해 보아요.

① [예제 파일]-[05강] 폴더를 선택하고 마우스 오른쪽 단추를 클릭한 후 [속성]을 클릭합니다.

② [05강 속성] 대화상자가 나타나면 [사용자 지정] 탭-[아이콘 변경]을 클릭합니다. 이어서 [05강 폴더의 아이콘 바꾸기] 대화상자가 나타나면 원하는 아이콘을 선택한 후 [확인] 단추를 클릭합니다.

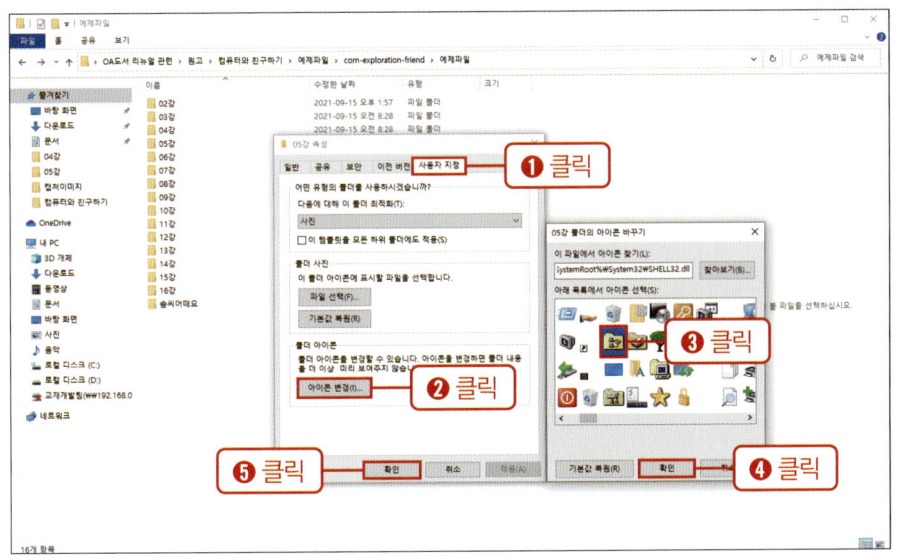

③ 폴더의 모양이 선택한 아이콘으로 변경된 것을 확인합니다.

혼자 할 수 있어요!

• 예제 파일 : 조류1.jpg~조류4.jpg, 파충류1.jpg~파충류4.jpg

01 '조류1'~'조류4' 파일과 '파충류1'~'파충류4' 파일을 각각 '조류', '파충류' 압축 폴더로 압축해 보세요.

02 [05강] 폴더 아이콘 모양을 원래 모양으로 변경해 보세요.

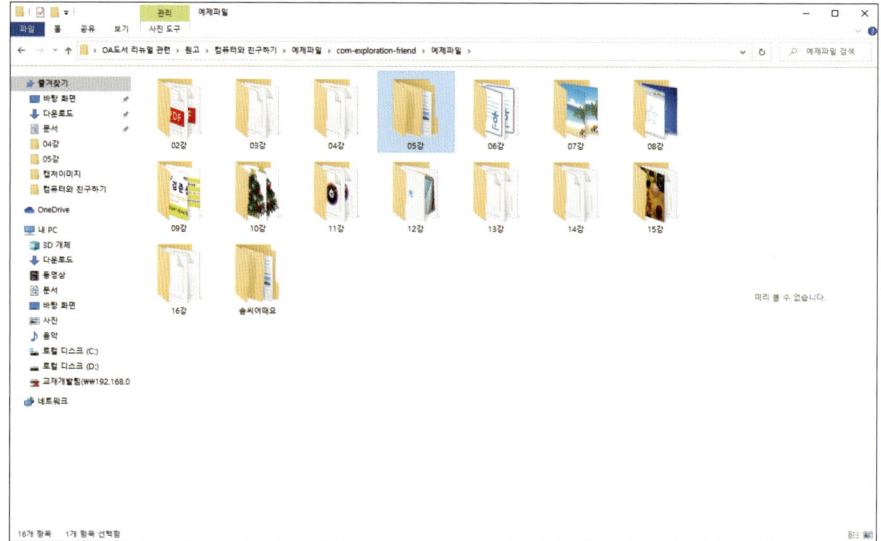

06 글꼴 설치하기

학습목표

- 내 컴퓨터에 글꼴을 설치해요.
- 설치한 글꼴을 이용하여 문서를 꾸며요.

▶ 설치 파일 : NanumFontSetup_TTF_ALL_hangeulcamp.exe, hangeulacci_gubongdorisam.zip
▶ 예제 파일 : 무료 글꼴 받아가세요.hwp

톡톡! 유틸리티

한글이나 파워포인트 프로그램을 이용해 문서를 만들 때 개성 있고 예쁜 글꼴을 사용하면 더욱 멋진 문서를 만들 수 있어요. 이때 프로그램에서 기본적으로 제공하는 글꼴 외에도 외부 글꼴을 컴퓨터에 설치하여 사용할 수 있어요. 이번 시간에는 외부 글꼴을 설치하고 글꼴을 이용해 문서를 만들어 보아요.

미션 1 글꼴 파일을 설치해 보아요.

① 설치 파일 폴더에서 'NanumFontSetup_TTF_ALL_hangeulcamp.exe' 파일을 더블 클릭하여 설치합니다.

② 이어서 'hangeulacci_gubongdorisam.zip' 파일을 선택한 후 마우스 오른쪽 단추를 클릭하고 [여기에 압축 풀기]를 클릭합니다.

③ 폰트 파일이 나타나면 폰트 파일을 모두 선택한 후 마우스 오른쪽 단추를 클릭하고 [설치]를 클릭합니다.

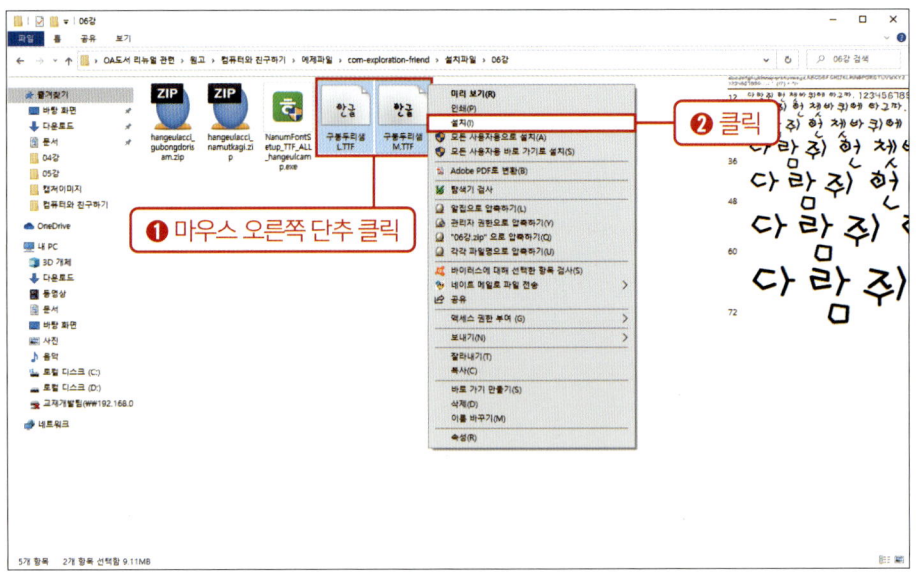

 **설치한 글꼴로 문서를 꾸며 보아요.**

① [한글] 프로그램을 실행한 후 그림과 같이 내용을 입력합니다.

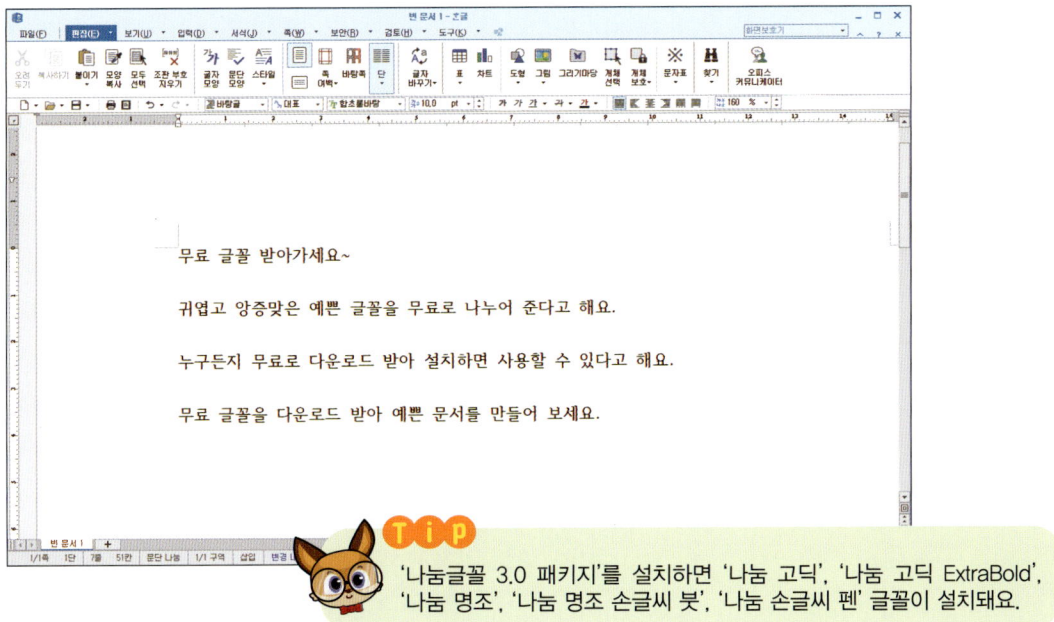

Tip '나눔글꼴 3.0 패키지'를 설치하면 '나눔 고딕', '나눔 고딕 ExtraBold', '나눔 명조', '나눔 명조 손글씨 붓', '나눔 손글씨 펜' 글꼴이 설치돼요.

② 텍스트를 선택한 후 설치한 글꼴로 각각 글꼴을 변경합니다.

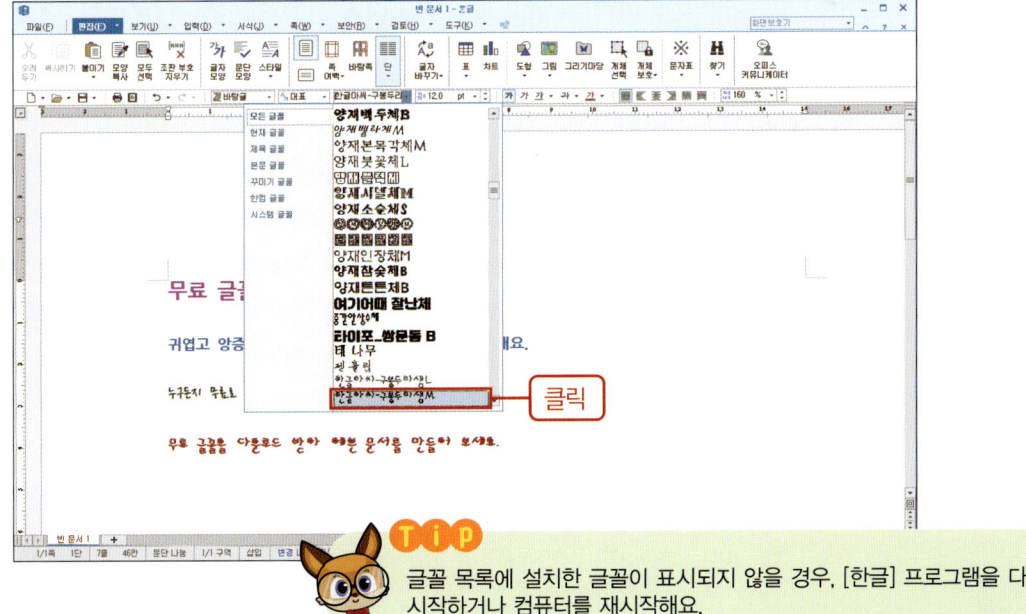

Tip 글꼴 목록에 설치한 글꼴이 표시되지 않을 경우, [한글] 프로그램을 다시 시작하거나 컴퓨터를 재시작해요.

혼자 할 수 있어요!

• 설치 파일 : hangeulacci_namutkagi.zip

01 'hangeulacci_namutkagi.zip' 파일의 압축을 해제한 후 글꼴을 설치해 보세요.

02 [한글] 프로그램을 실행한 후 그림과 같이 설치한 글꼴을 이용하여 글꼴 모양을 변경해 보세요.

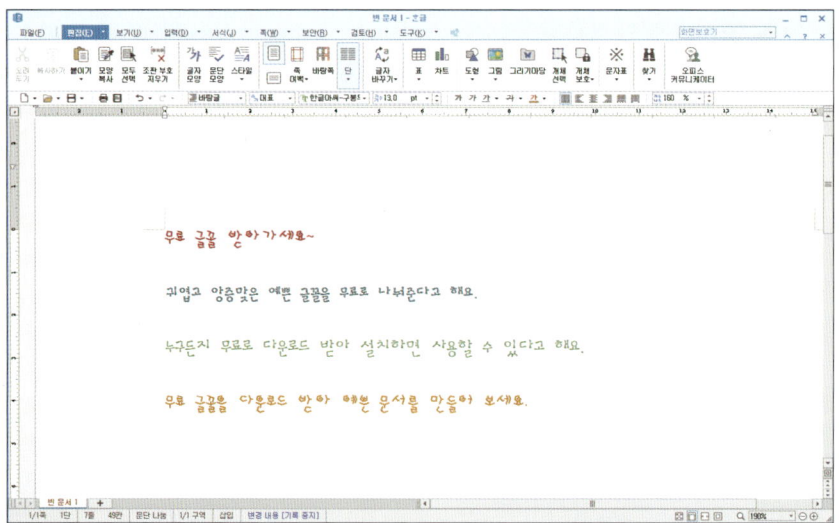

07 바탕화면 확대하기

학습목표
- 바탕화면의 배경을 변경해요.
- 바탕화면을 확대해요.

▶ 설치 파일 : Moo0 Magnifier v1.17 Installer.exe
▶ 예제 파일 : 바탕화면.jpg

톡톡! 유틸리티

컴퓨터를 보다 편리하게 사용할 수 있도록 도와주는 프로그램을 유틸리티 프로그램이라고 하는데, 이런 유틸리티 프로그램은 그 종류가 아주 많아요. 이번 시간에는 바탕화면이나 특정 프로그램 창의 내용을 마치 돋보기로 보듯이 크게 확대하여 볼 수 있는 화면 돋보기 프로그램에 대해 알아보아요.

미션 1 바탕화면의 배경을 변경해 보아요.

① 예제 파일 폴더에서 '바탕화면.jpg' 파일을 선택한 후 마우스 오른쪽 단추를 클릭하여 [바탕 화면 배경으로 설정]을 클릭합니다.

② 선택한 그림으로 바탕화면의 배경이 변경되면 그림에 숨겨진 3개의 숫자를 찾아 봅니다.

③ 설치 파일 폴더에서 'Moo0 Magnifier v1.17 Installer.exe' 파일을 더블클릭하여 프로그램을 설치합니다.

미션 2 - 바탕화면을 확대해 보아요.

1 'Moo0 화면 돋보기()' 아이콘을 더블클릭하여 프로그램이 실행되면 '작업 표시줄' 오른쪽에 '화면 돋보기' 아이콘이 표시되는 모습을 확인합니다.

> **TIP** '작업 표시줄' 오른쪽의 '화면 돋보기' 아이콘을 마우스 오른쪽 단추로 클릭하면 화면 돋보기 프로그램의 환경을 설정할 수 있어요.

2 '작업 표시줄' 오른쪽에서 '화면 돋보기' 아이콘을 클릭하여 화면이 확대되면 숨겨진 3개의 숫자를 찾아 봅니다.

> **TIP** 확대 작업을 종료할 때는 화면을 클릭하거나 를 눌러요.

07 혼자 할 수 있어요!

• 예제 파일 : 메인보드.jpg, 배경화면.jpg

01 '메인보드.jpg' 파일을 열기한 후 화면을 확대하여 메인보드의 모양을 확인해 보세요.

02 '배경화면.jpg' 파일을 바탕화면의 배경으로 지정한 후 화면을 확대하여 숨겨진 3개의 숫자를 찾아 보세요.

08 화면 캡처하여 강좌 만들기

학습목표
- 컴퓨터 화면을 그림으로 캡처해요.
- 캡처된 그림을 편집해요.

▶ 설치 파일 : picpick_inst_kr.exe

톡톡! 유틸리티

현재 컴퓨터의 화면을 그림으로 저장하는 것을 캡처라고 해요. 이번 시간에는 컴퓨터의 전체 화면이나 특정 프로그램이 실행된 창만을 캡처한 후 픽픽 프로그램에서 제공하는 다양한 도형과 스탬프 도구를 이용하여 강좌를 만드는 방법에 대해 알아보아요.

미션 1 컴퓨터 화면을 그림으로 캡처해 보아요.

① 설치 파일 폴더에서 'pickpick_inst_kr.exe' 파일을 더블클릭하여 프로그램을 설치한 후 [시작(⊞)]-[Windows 보조프로그램]에 마우스 포인터를 가져다 놓고 Print Screen 을 누릅니다.

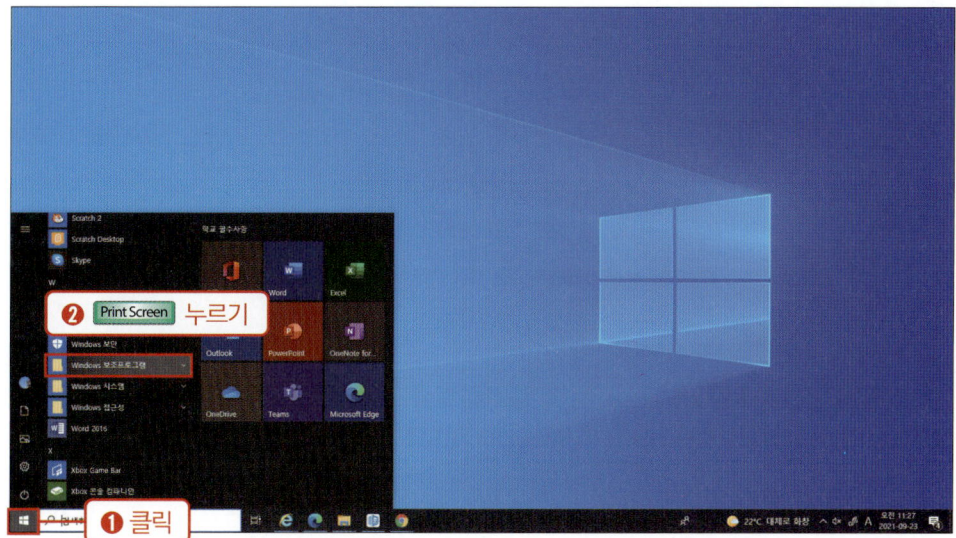

❷ [픽픽] 프로그램 창이 열리면서 윈도우의 전체 화면이 '이미지1'로 캡처되는 것을 확인합니다.

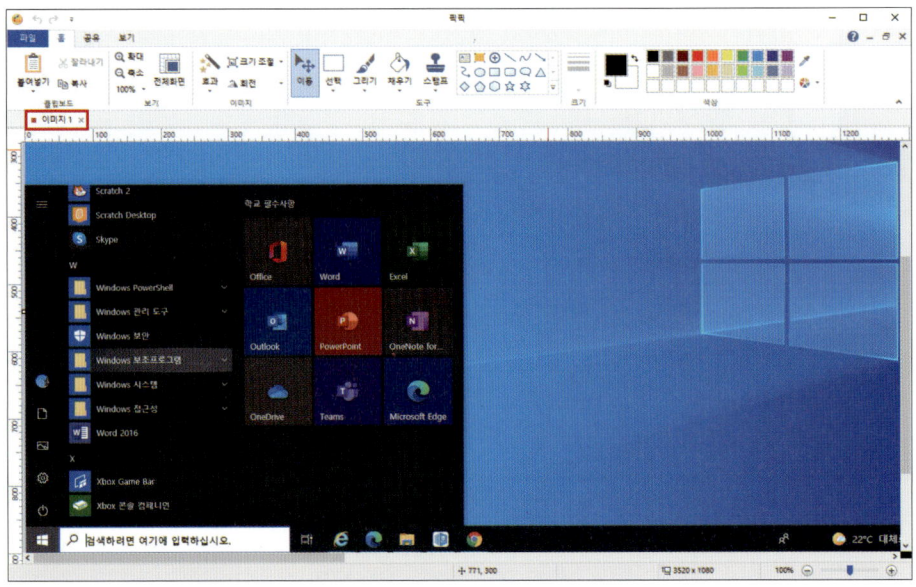

❸ 같은 방법으로 [그림판]에 마우스 포인터를 가져다 놓은 후 Print Screen 을 눌러 새로운 이미지로 화면이 캡처되는 것을 확인합니다.

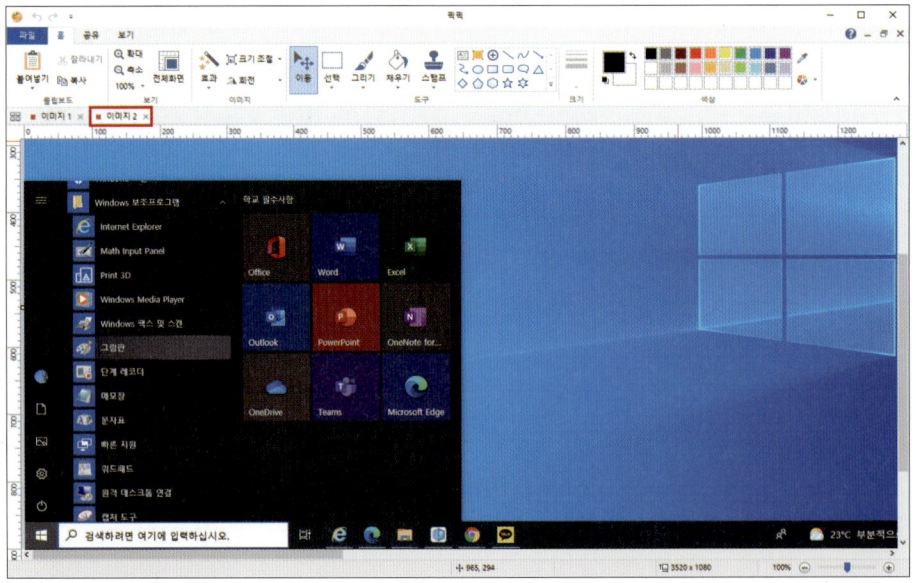

④ [그림판] 프로그램을 실행한 후 '별' 도형을 선택하고 드래그하여 별 도형을 그립니다.

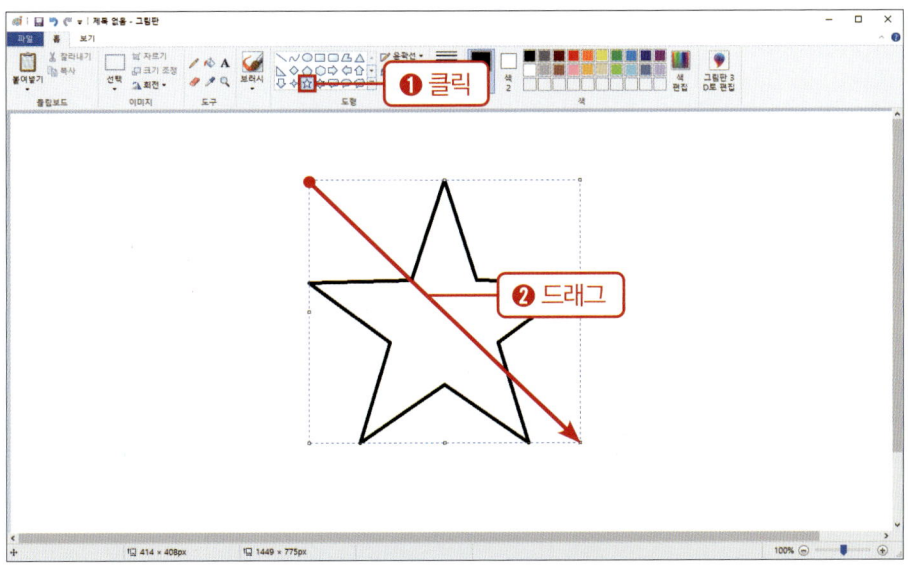

⑤ Alt + Print Screen 을 눌러 현재 사용 중인 [그림판] 창만 캡처되는 것을 확인합니다.

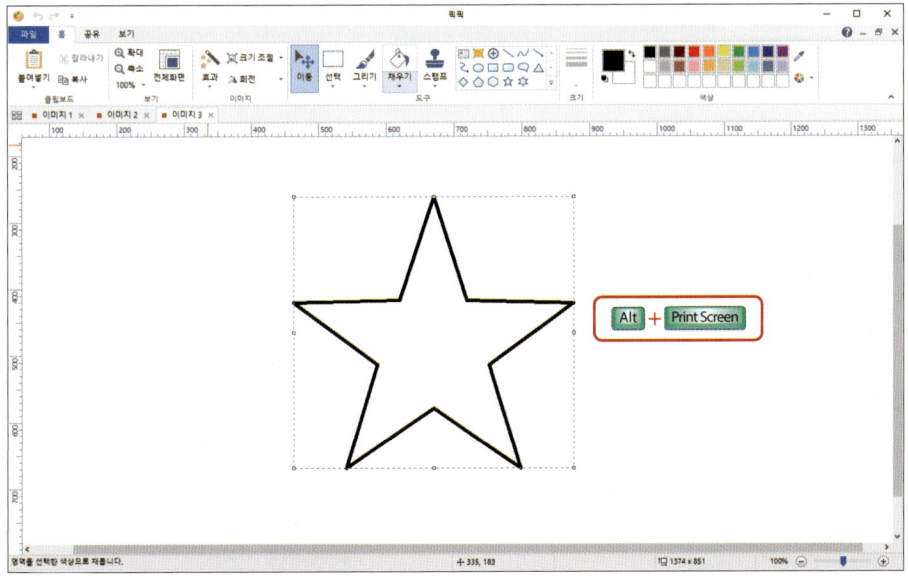

미션 2   캡처된 그림을 편집해 보아요.

① [이미지1]을 클릭한 후 [홈] 탭에서 '사각형' 도구를 클릭하여 사각형 도형을 그린 후 그림과 같이 선 두께 및 색상을 지정합니다.

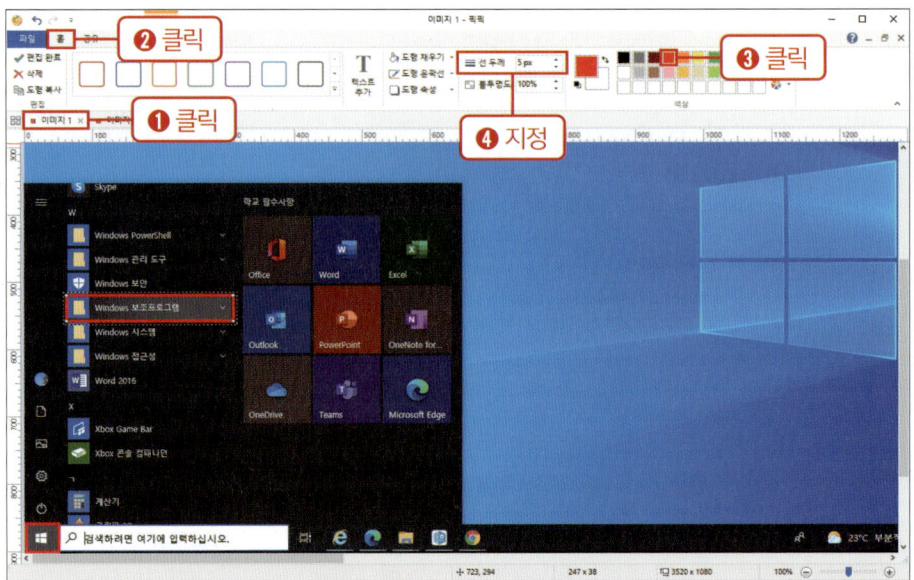

② [홈] 탭에서 '스탬프' 도구를 클릭한 후 원하는 번호 모양의 스탬프를 선택하여 스탬프를 삽입하고 싶은 곳을 클릭합니다.

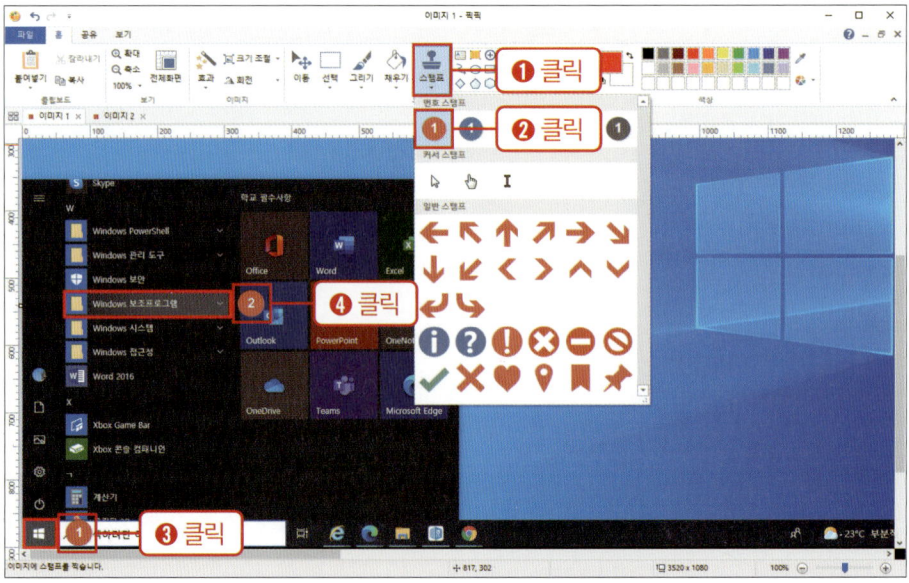

❸ [홈] 탭에서 '스탬프' 도구를 클릭하여 원하는 커서 모양의 스탬프를 삽입한 후 스탬프 스타일을 지정합니다.

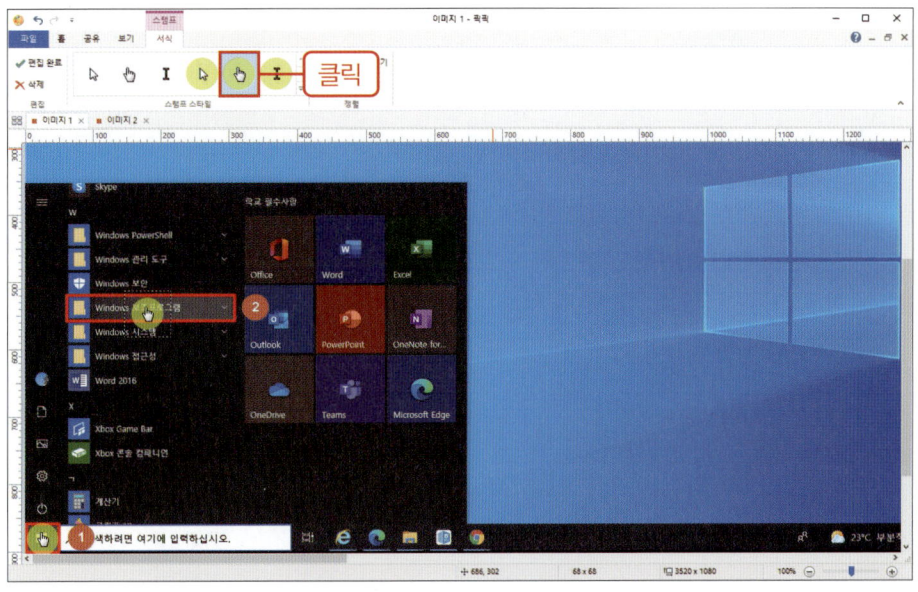

❹ [이미지2]를 클릭한 후 앞서 배운 내용을 참고하여 그림과 같이 꾸미고 [파일] 탭-[다른 이름으로 저장]을 클릭하여 그림을 저장해 봅니다.

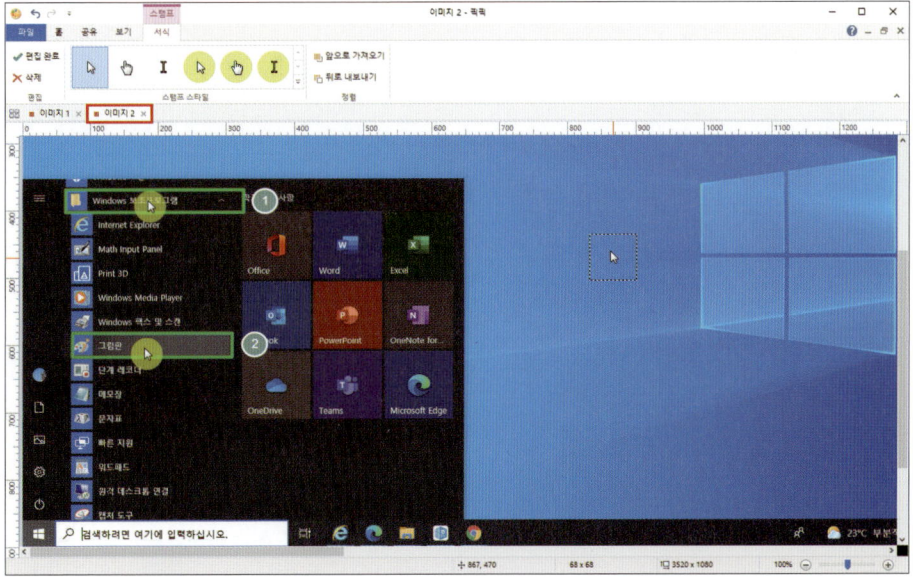

  혼자 할 수 있어요!

01 [픽픽] 프로그램을 이용하여 [메모장] 프로그램을 실행하는 방법에 대한 전체 화면을 캡처해 보세요.

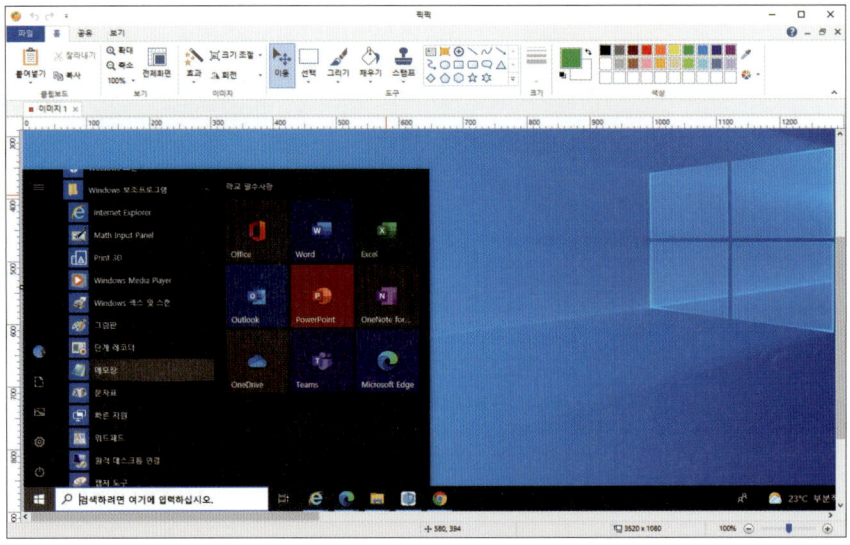

02 캡처한 그림에 '둥근 사각형' 도형과 스탬프를 삽입하여 그림과 같이 꾸민 후 '강좌4'로 저장해 보세요.

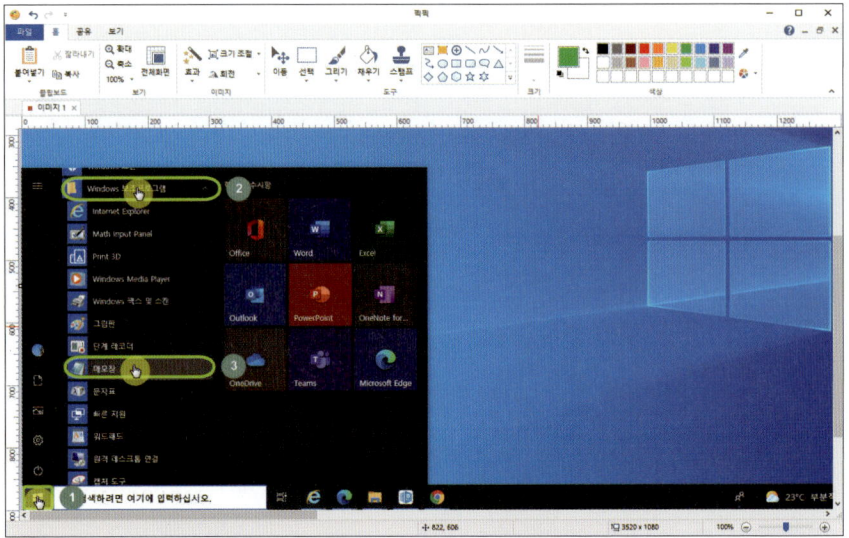

09 회장선거 광고지 만들기

학습목표
- 사진에 액자를 지정해요.
- 글과 아이콘으로 사진을 꾸며요.

▶ 설치 파일 : PhotoScape_V3.7.exe
▶ 예제 파일 : 광고지.jpg, 남자.png

톡톡! 유틸리티

포토스케이프는 사진 편집, 움직이는 gif 애니메이션 만들기, 색상 검출 등과 같은 많은 작업을 쉽게 할 수 있도록 도와주는 매우 유용한 프로그램이에요. 이번 시간에는 컴퓨터에 저장된 사진에 액자틀을 지정하고 글과 귀여운 아이콘을 삽입하여 회장선거 광고지를 만드는 방법에 대해 알아보아요.

미션 1 사진에 액자를 지정해 보아요.

① 실행 파일 폴더에서 'PhotoScape_V3.7.exe' 파일을 더블클릭하여 설치한 후 프로그램을 실행합니다. 이어서 [사진편집]을 클릭한 후 [예제 파일]-[09강] 폴더에서 원하는 그림 파일을 클릭하여 오른쪽 화면에 선택한 그림이 표시되는 것을 확인합니다.

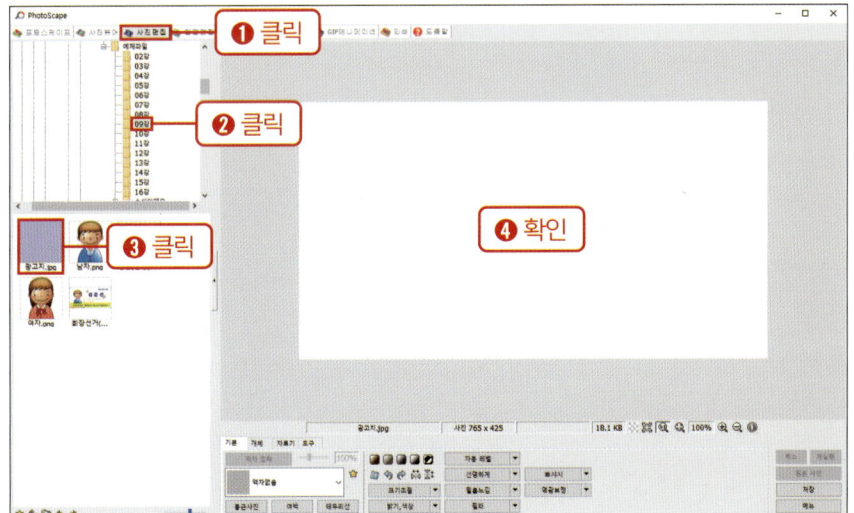

09 • 회장선거 광고지 만들기 43

② 화면 하단의 [기본] 탭을 클릭하고 '들뜬테두리 06' 액자를 선택한 후 액자 접착을 '100%'로 지정합니다.

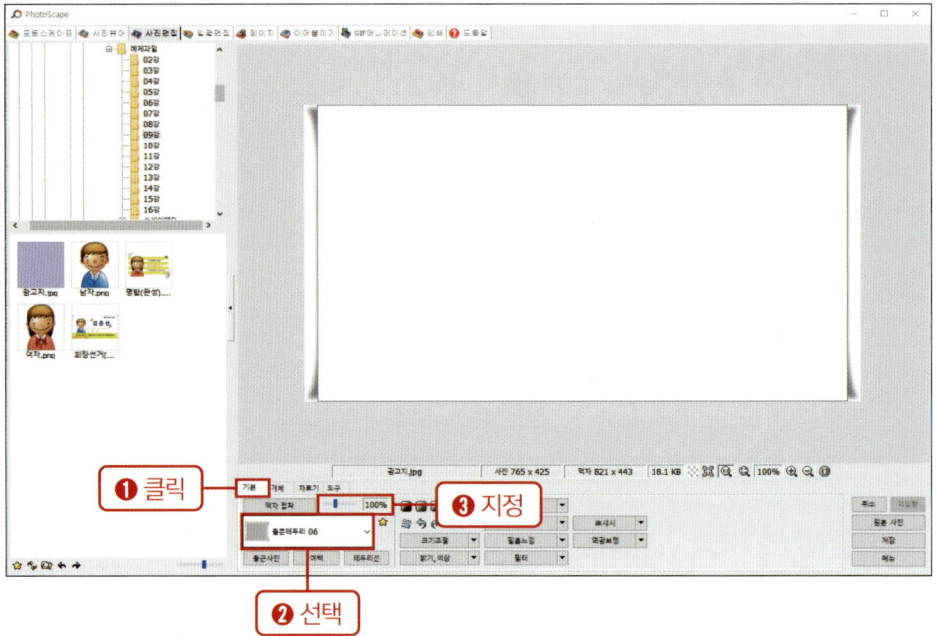

③ 화면 하단의 [개체] 탭-[그림(🖼)]-[사진...]을 클릭한 후 '남자.png' 그림을 삽입합니다.

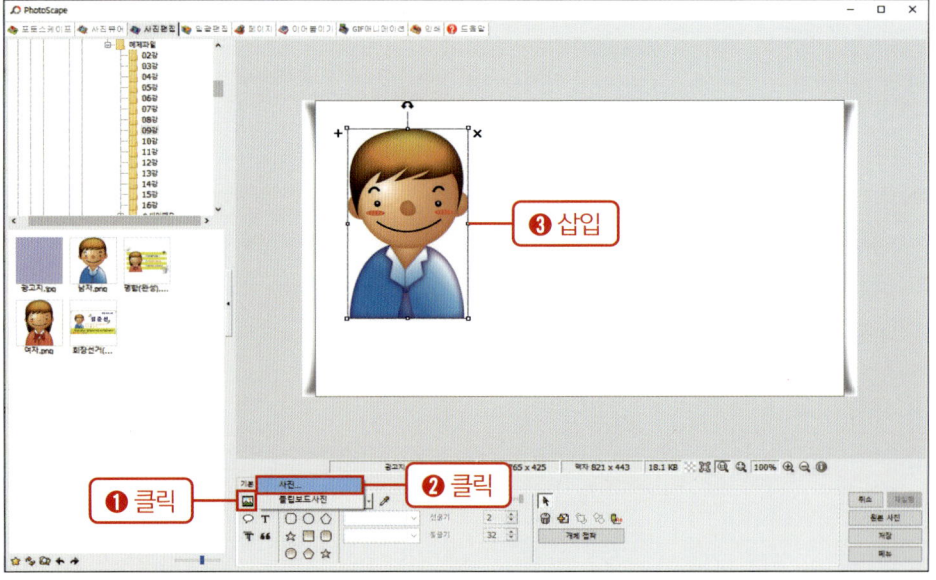

 **글과 아이콘으로 사진을 꾸며 보아요.**

① 화면 하단의 [개체] 탭에서 '사각형' 도구를 클릭하고 색상을 선택한 후 그림과 같이 드래그하여 '사각형' 도형을 삽입합니다.

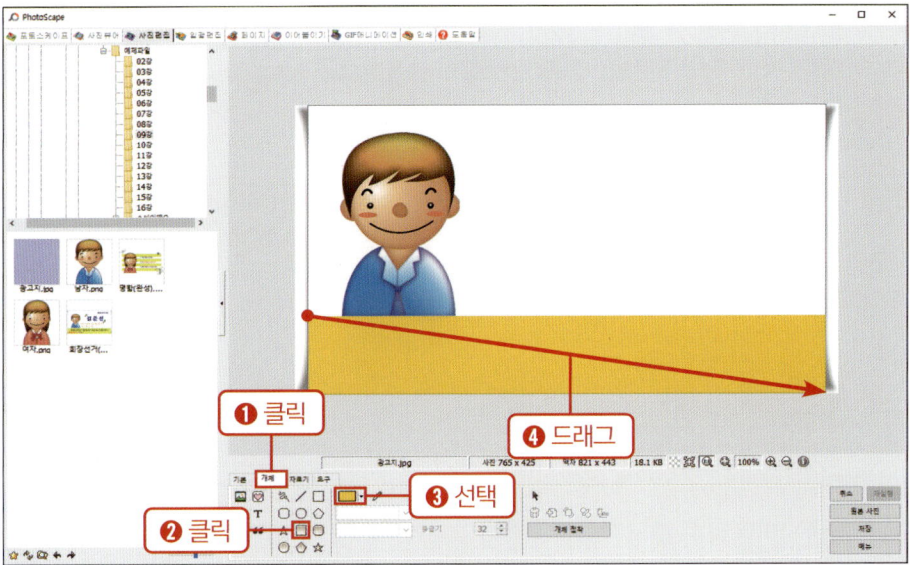

② [개체] 탭-[글(T)]을 클릭하여 [글] 대화상자가 나타나면 그림과 같이 내용을 입력하고 글꼴, 크기, 글자색 등의 속성을 지정한 후 [확인] 단추를 클릭합니다.

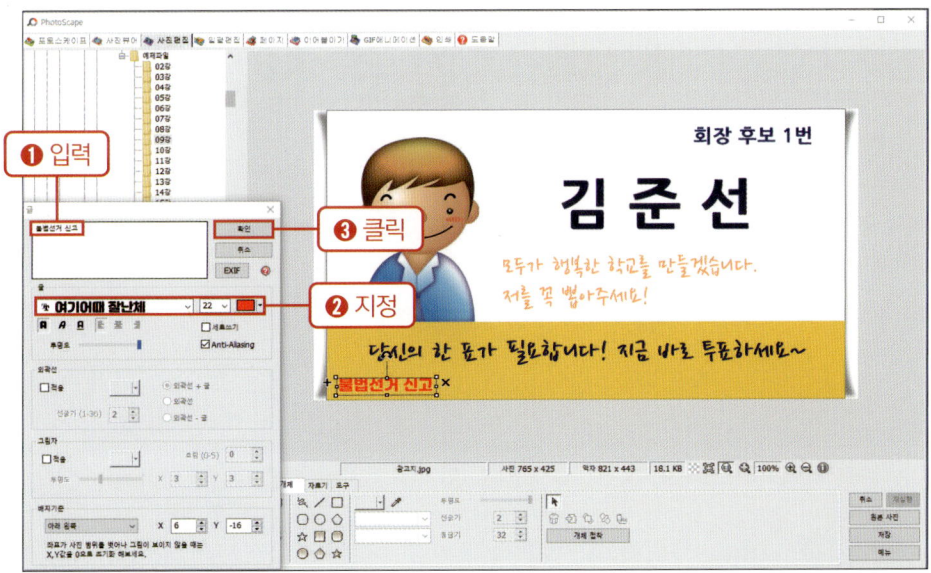

09 · 회장선거 광고지 만들기 **45**

❸ [개체] 탭-[아이콘(♥)]을 클릭하고 [숫자] 탭에서 원하는 아이콘을 선택한 후 [확인] 단추를 클릭하여 전화번호를 입력합니다.

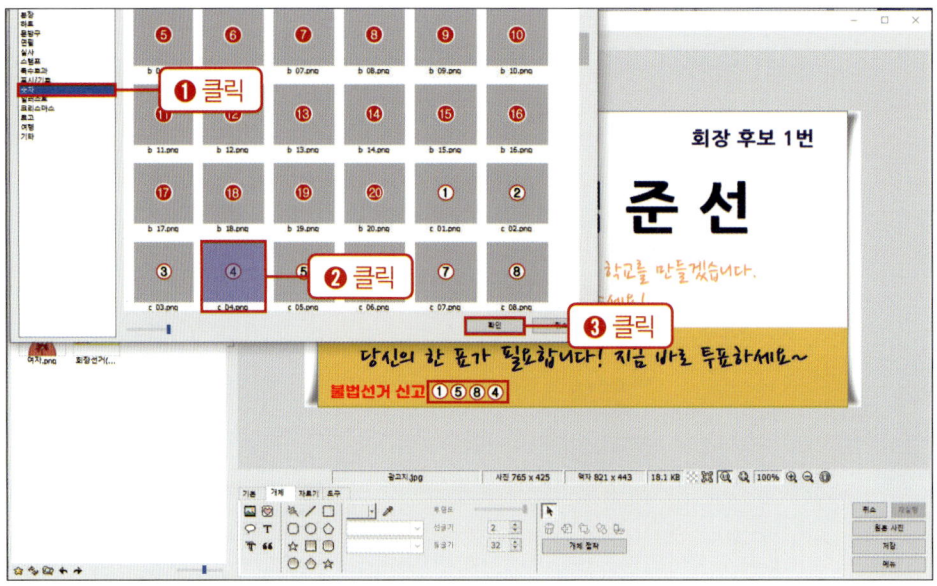

❹ 다시 [아이콘(♥)]을 클릭한 후 [만화] 탭에서 그림과 같이 아이콘을 삽입하고 회전 조절점을 드래그하여 회전시킵니다.

❺ 화면 하단의 [저장] 단추를 클릭한 후 [다른 이름으로 저장]을 클릭하여 '회장선거'로 저장해 봅니다.

혼자 할 수 있어요!

• 예제 파일 : 광고지.jpg, 여자.png

01 '광고지' 사진에 액자를 지정한 후 그림과 같이 '사각형' 도형을 삽입해 보세요.

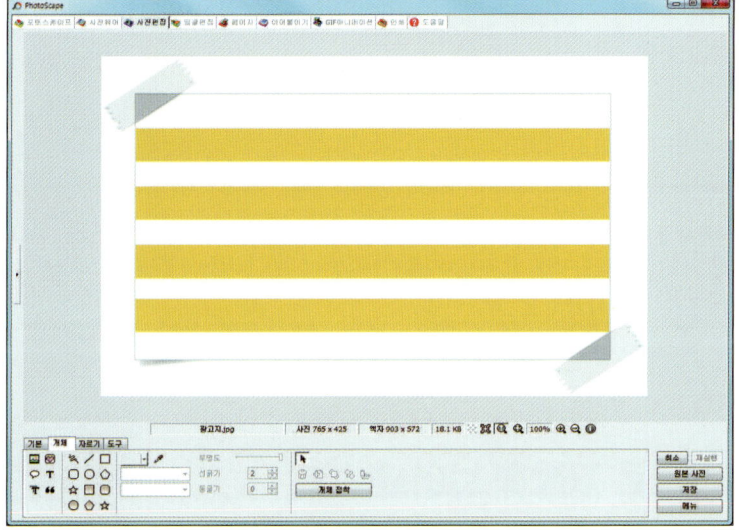

02 '여자' 그림을 삽입한 후 '아이콘'과 '글' 도구를 이용하여 그림과 같이 꾸민 후 '명함'으로 저장해 보세요.

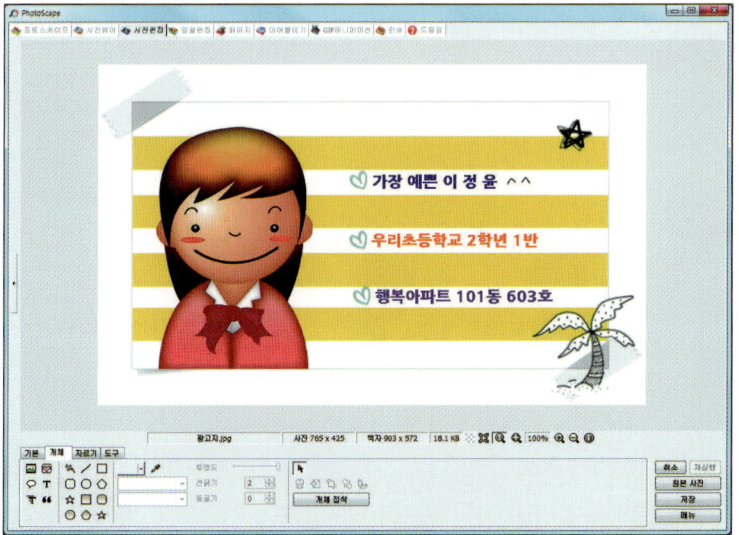

10 움직이는 그림 만들기

학습목표

• 여러 개의 사진으로 저장해요.
• 움직이는 GIF 애니메이션을 만들어요.

▶ 설치 파일 : PhotoScape_V3.7.exe
▶ 예제 파일 : 웨딩.jpg

톡톡! 유틸리티

포토스케이프 프로그램의 리치 에디터를 이용하면 글자마다 다른 글꼴, 색깔, 크기 등을 지정할 수 있을 뿐만 아니라, 깜찍하고 귀여운 아이콘을 삽입할 수도 있어요. 이번 시간에는 삽입한 아이콘에 투명도를 지정하고 리치 에디터 개체와 아이콘이 반복해서 움직이는 효과를 만드는 방법에 대해 알아보아요.

 여러 개의 사진으로 저장해 보아요.

❶ [포토스케이프] 프로그램을 실행한 후 [사진편집]을 클릭합니다. 이어서 [예제 파일]-[10강] 폴더의 '웨딩' 그림을 클릭하여 화면에 그림이 표시되면 화면 하단의 [개체] 탭-[리치 에디터(T)]를 클릭하여 그림과 같이 내용을 입력하고 서식을 지정합니다.

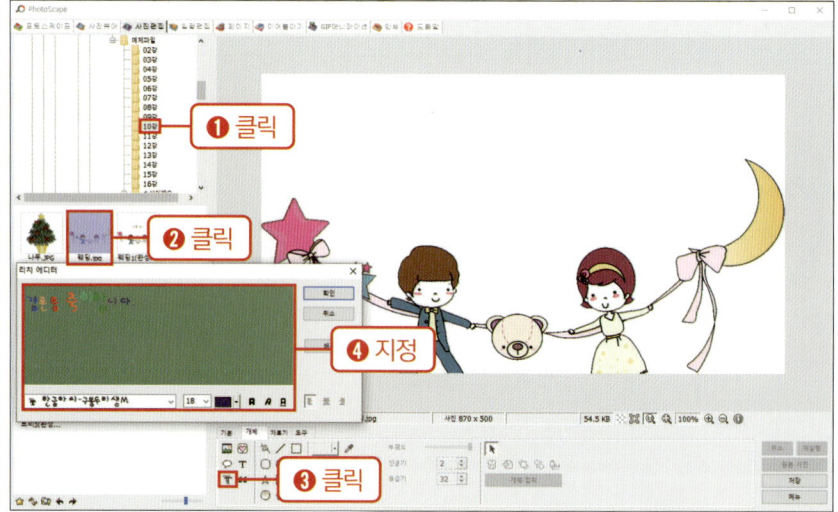

❷ [개체] 탭-[아이콘(♡)]을 선택한 후 [하트] 탭에서 하트 아이콘을 삽입하고 [저장]-[다른 이름으로 저장]을 클릭하여 '웨딩1'로 저장합니다.

❸ 앞서 만든 '리치 에디터' 개체를 더블클릭하여 [리치 에디터] 대화상자가 나타나면 각 글자의 색깔을 다양하게 변경한 후 [확인] 단추를 클릭합니다.

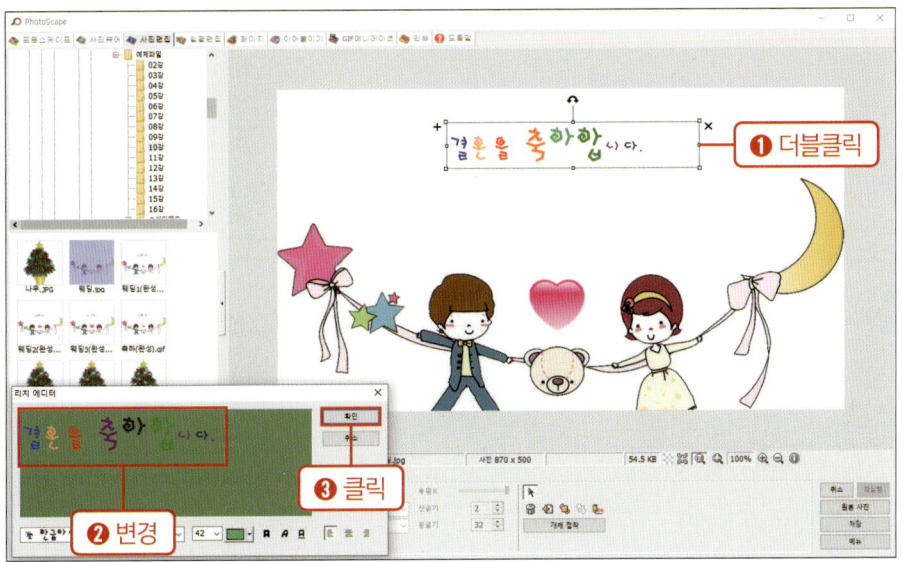

④ 하트 아이콘을 하나 더 추가하여 기존 하트 아이콘과 겹친 후 추가한 아이콘을 더블클릭하여 [사진] 대화상자가 나타나면 투명도를 지정하고 [저장]-[다른 이름으로 저장]을 클릭하여 '웨딩2'로 저장합니다.

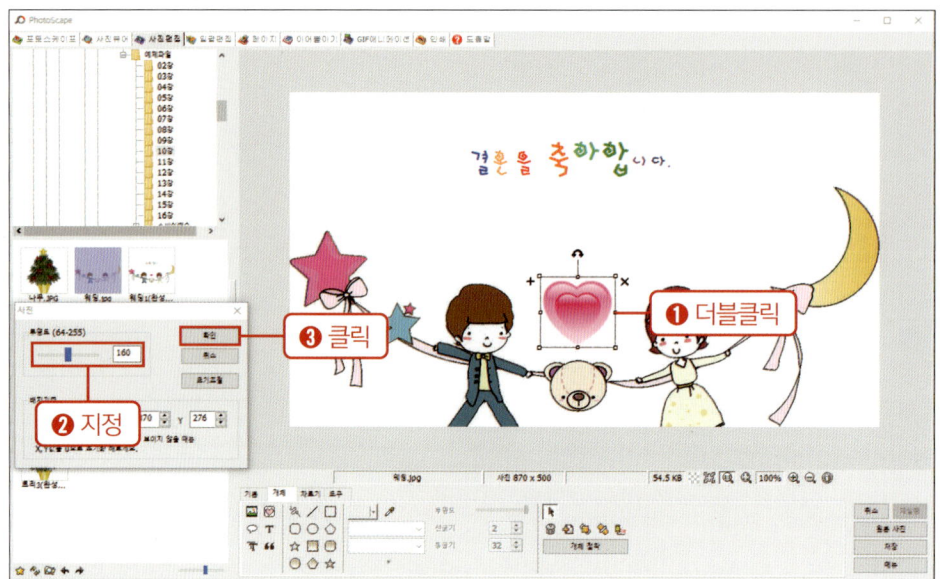

⑤ 같은 방법으로 하트 아이콘을 추가하고 투명도를 지정한 후 '웨딩3'으로 저장합니다.

 **미션 2** 움직이는 GIF 애니메이션을 만들어 보아요.

① [GIF 애니메이션] 탭-[10강] 폴더를 선택하고 Ctrl 을 누른 상태로 '웨딩1', '웨딩2', '웨딩3' 그림을 각각 선택한 후 위쪽으로 드래그합니다.

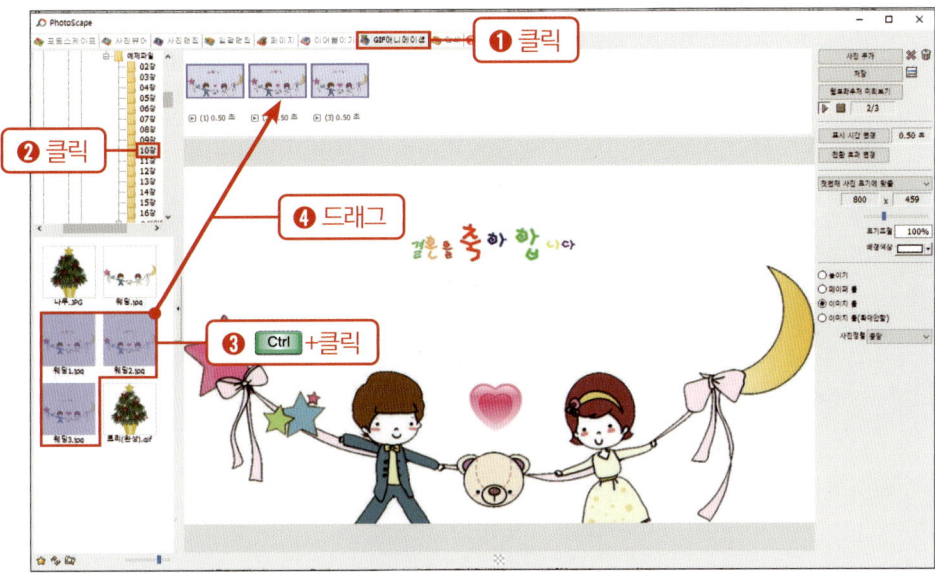

② 그림이 움직이면 [표시 시간 변경] 단추를 클릭하여 [표시 시간 변경] 대화상자가 나타나면 표시 시간을 변경하고 [저장]-[다른 이름으로 저장]을 클릭하여 '축하'로 저장합니다.

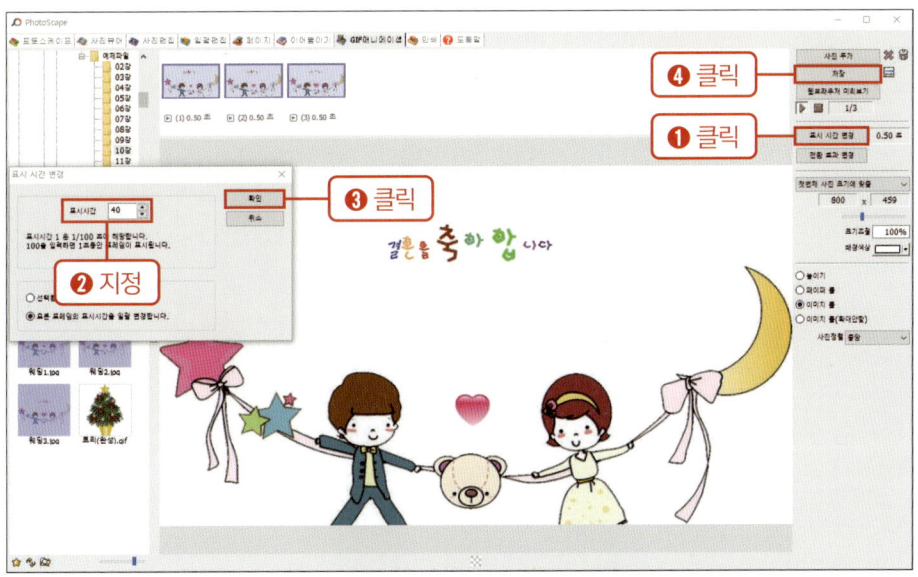

  혼자 할 수 있어요!

• 예제 파일 : 나무.jpg

01 '나무' 그림에 아이콘을 삽입하여 꾸민 후 '트리1', '트리2', '트리3'으로 각각 저장해 보세요.

▲ 트리1

▲ 트리2

▲ 트리3

02 '트리1', '트리2', '트리3' 그림을 이용하여 움직이는 GIF 애니메이션을 만든 후 표시 시간을 변경하고 '트리'로 저장해 보세요.

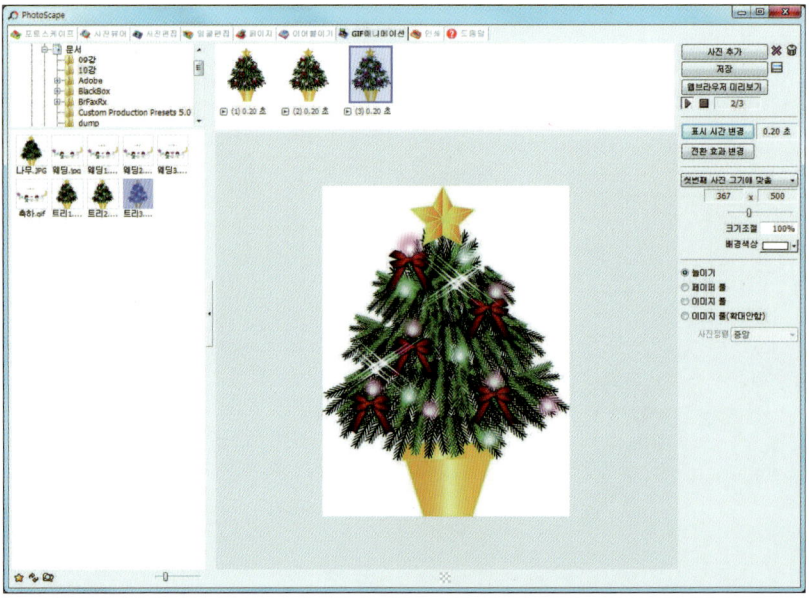

11 똑똑한 비서 만들기

학 습 목 표
- 중요한 약속을 추가해요.
- 기억해야 할 내용을 메모해요.

▶ 설치 파일 : SMemoSetup341.exe
▶ 예제 파일 : 도망.wav

톡톡! 유틸리티

친구와의 약속이나 꼭 기억하고 있어야 할 중요한 내용은 종이에 기록하여 기억한다면 참 좋겠죠? 하지만 컴퓨터를 사용하는 우리 친구들은 따로 종이에 적어 놓지 않더라도 일정을 관리하고 메모할 수 있는 에스메모 프로그램을 이용해 쉽고 재미있게 메모를 할 수 있어요.

미션 1 중요한 약속을 추가해 보아요.

1 설치 파일 폴더에서 'SMemoSetup341.exe' 파일을 더블클릭하여 프로그램을 설치합니다. 이어서 프로그램을 실행한 후 에스메모 달력의 오늘 날짜를 클릭하고 [일정]을 클릭합니다.

Tip [에스메모] 프로그램은 윈도우 부팅 시 자동으로 실행되기 때문에 윈도우 작업 표시줄 오른쪽의 '숨겨진 아이콘 표시' 항목에서 실행할 수 있어요.

② [일정 추가] 대화상자가 나타나면 그림과 같이 '시간', '미리 알림', '아이콘'을 지정하고 '내용'을 입력합니다.

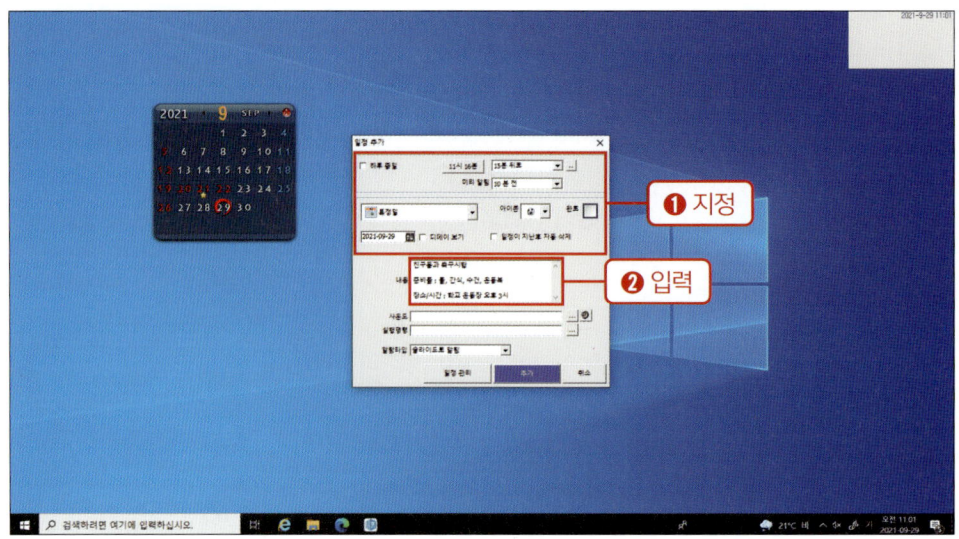

③ 알림에 소리를 지정하기 위해 [사운드] 항목의 [열기] 단추를 클릭한 후 [열기] 대화상자가 나타나면 '도망' 파일을 선택하고 [열기] 단추를 클릭합니다. 이어서 [추가] 단추를 클릭하여 소리를 지정합니다.

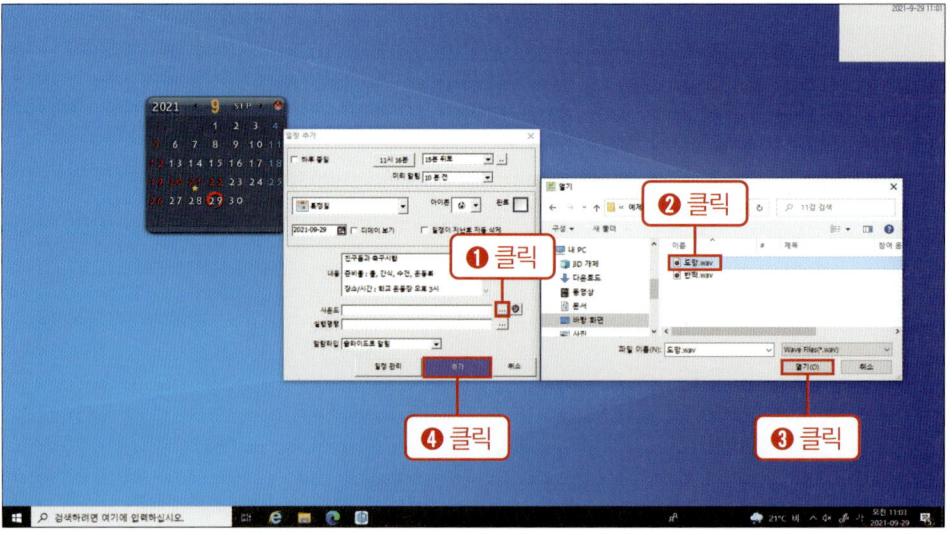

❹ '미리 알림'이나 '알림' 시간이 되면 소리와 함께 추가한 알림이 화면 오른쪽 하단에 표시되는 것을 확인합니다.

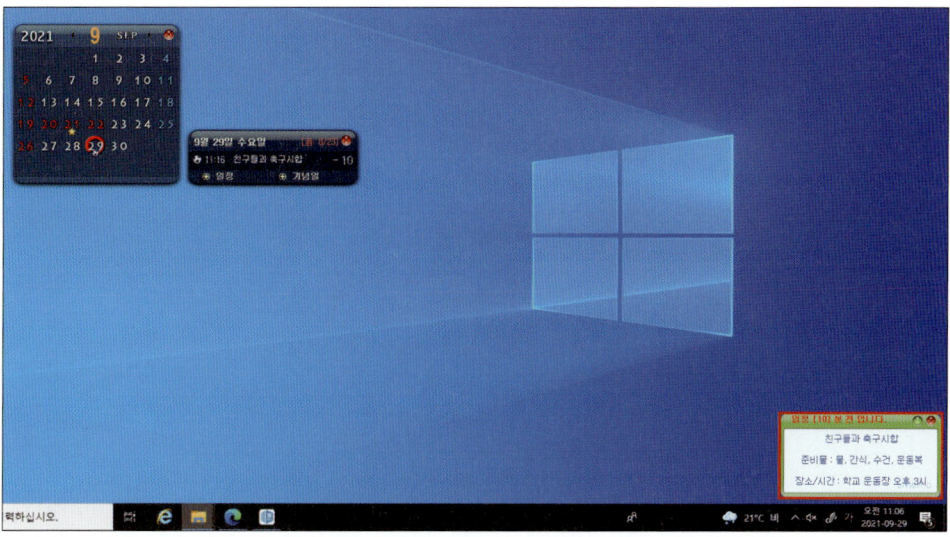

❺ 에스메모 달력에서 자신의 생일을 클릭하고 [기념일]을 클릭하여 [기념일 추가] 대화상자가 나타나면 그림과 같이 지정한 후 [확인] 단추를 클릭합니다.

미션 2 기억해야 할 내용을 메모해 보아요.

① 바탕화면 오른쪽 상단의 빈 메모를 클릭하여 그림과 같이 메모 내용을 입력한 후 새로운 메모를 추가하기 위해 [새 메모(📝)]를 클릭합니다.

② 새로운 메모가 추가되면 다양한 메모 내용을 입력한 후 [편집(🅰)]을 이용하여 글자 서식을 지정합니다.

> **Tip**
> 추가된 메모에서 [메모 색상(🟦)]을 클릭하면 메모의 배경색이 변경되고 [메모 삭제(❌)]를 클릭하면 메모가 삭제돼요.

  # 혼자 할 수 있어요!

• 예제 파일 : 반짝.wav

01 매월 1일에 그림과 같은 알림이 표시되도록 일정을 추가하고 알림 시 소리가 나도록 설정해 보세요.

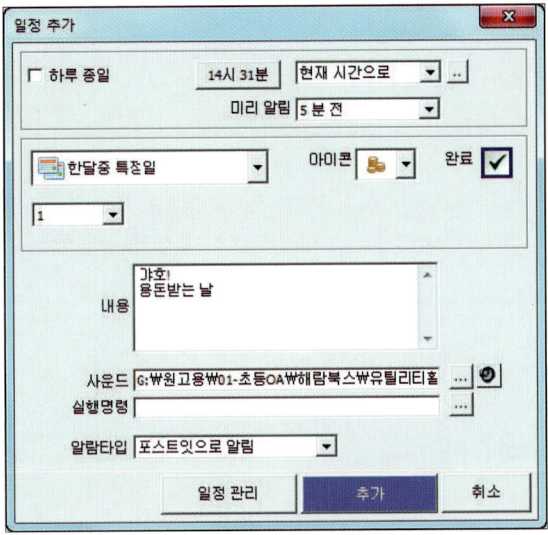

02 기존의 모든 메모를 삭제한 후 그림과 같이 2개의 메모를 추가해 보세요.

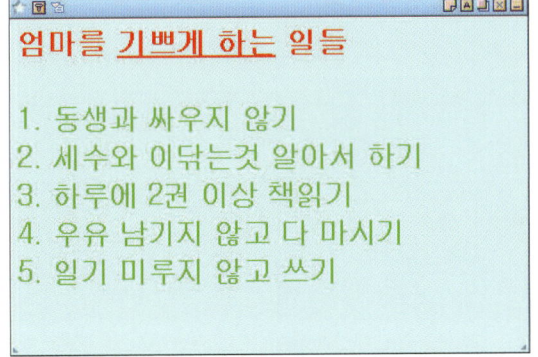 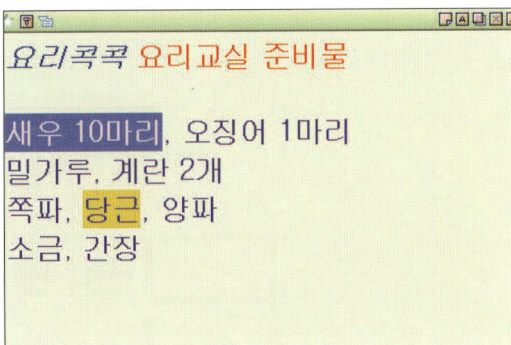

12 나만의 아이콘 만들기

학습목표
- 나만의 아이콘을 만들어요.
- 내가 만든 아이콘으로 메모장 아이콘을 변경해요.

▶ 설치 파일 : PrettyIconMaker15.exe
▶ 예제 파일 : 메모장

톡톡! 유틸리티

컴퓨터 화면에 가득한 여러 모양의 아이콘들을 내가 직접 디자인하고 내가 만든 아이콘으로 바꿀 수 있다면 얼마나 재미있을까요? 이번 시간에는 아이콘을 만드는 프로그램을 이용해 귀여운 집과 앙증맞은 편지봉투 아이콘을 만들어 아이콘의 모양을 변경하는 방법에 대해 알아 보아요.

미션 1 나만의 아이콘을 만들어 보아요.

1. 설치 파일 폴더에서 'PrettyIconMaker15.exe' 파일을 더블클릭하여 설치합니다. 이어서 [연필()] 도구를 클릭한 후 연필의 크기와 색을 지정하고 그림과 같이 집 모양의 테두리를 그립니다.

② [채우기(🪣)] 도구를 클릭하고 원하는 색을 선택한 후 그림과 같이 색을 채워 봅니다.

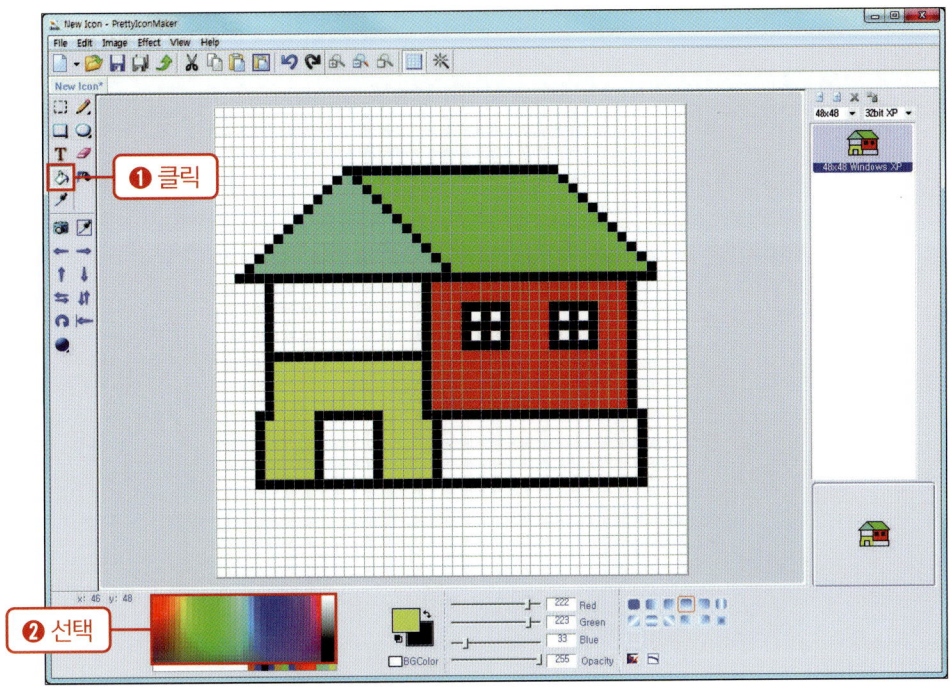

③ [색 고르기(💉)] 도구를 클릭하여 마우스 포인터의 모양이 바뀌면 원하는 색을 선택한 후 다시 [채우기(🪣)] 도구를 클릭하여 그림과 같이 색을 채워 봅니다.

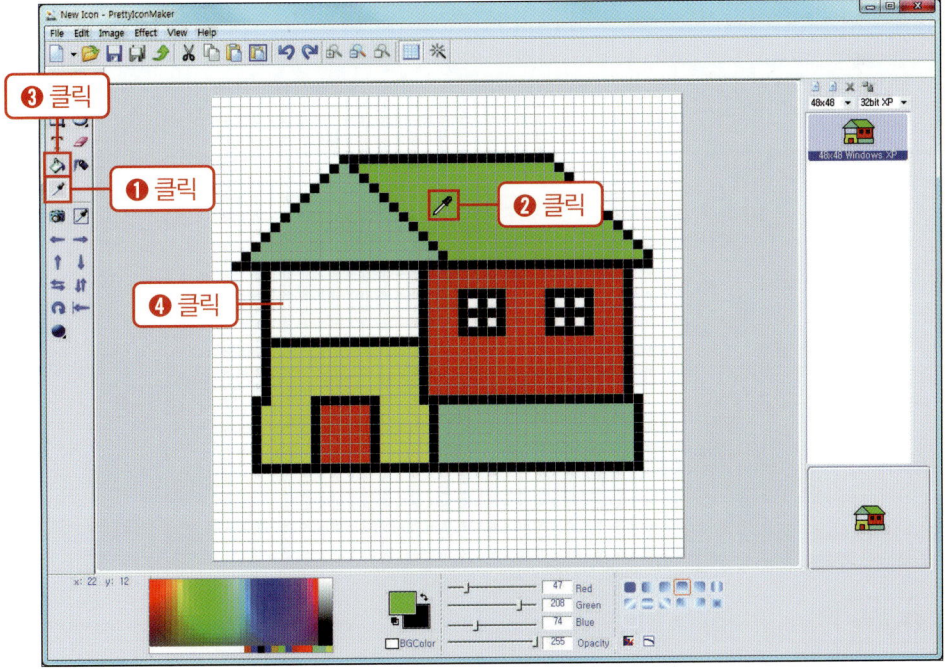

 **미션 2** 내가 만든 아이콘으로 메모장 아이콘을 변경해 보아요.

① 프로그램 오른쪽 상단에서 '16×16'을 선택한 후 [새 이미지( )] 도구를 클릭하여 새로운 이미지를 삽입할 수 있는 영역이 나타나면 앞서 그린 것과 같이 그림을 그리고 [File]-[Save As]를 클릭하여 '집'으로 저장합니다.

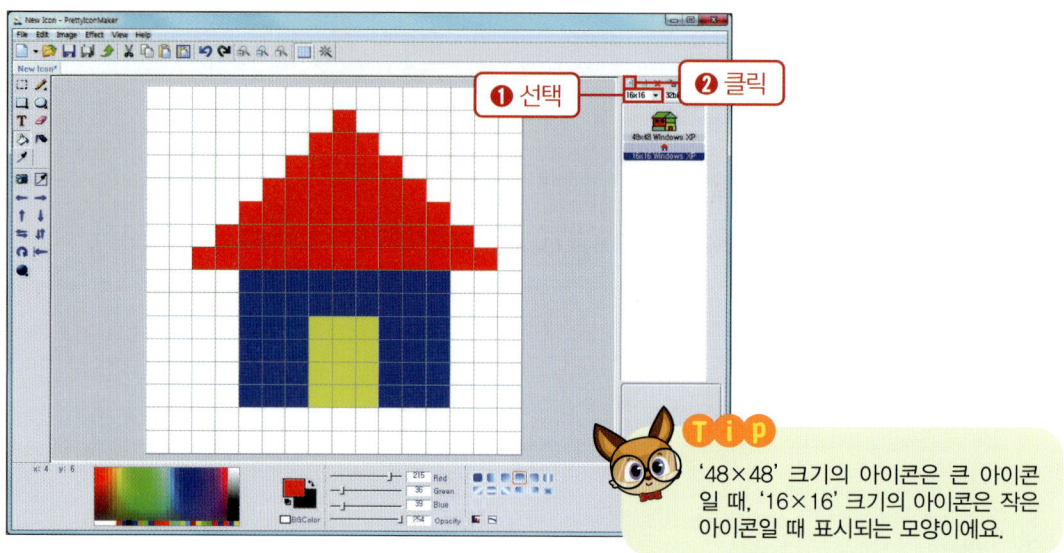

Tip '48×48' 크기의 아이콘은 큰 아이콘일 때, '16×16' 크기의 아이콘은 작은 아이콘일 때 표시되는 모양이에요.

② '메모장' 바로 가기 아이콘을 마우스 오른쪽 단추로 클릭하여 [속성]을 클릭하고 [아이콘 변경]-[찾아보기] 단추를 클릭합니다. 이어서 '집.ico' 파일을 선택한 후 [열기] 단추를 클릭합니다.

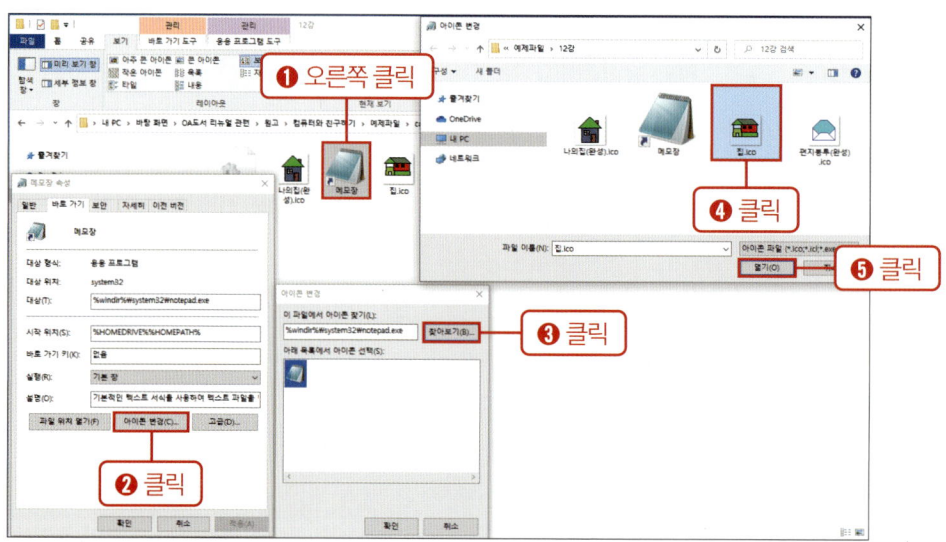

❸ 메모장 아이콘의 모양이 '집' 아이콘 모양으로 변경되면 [보기] 탭-[작은 아이콘]을 클릭합니다.

❹ '16×16' 크기로 만든 작은 아이콘이 표시되는 것을 확인합니다.

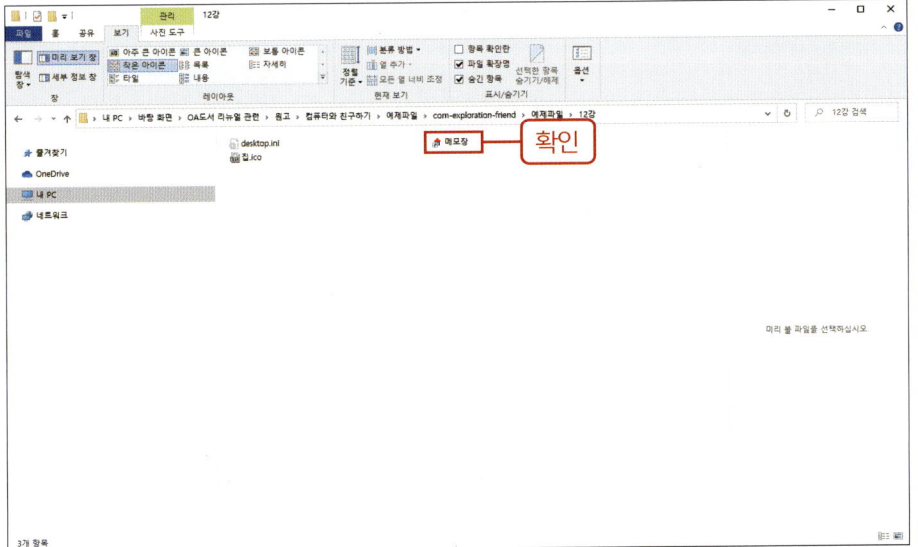

혼자 할 수 있어요!

01 '48×48' 크기와 '16×16' 크기의 집 모양 아이콘을 각각 만든 후 '나의집'으로 저장해 보세요.

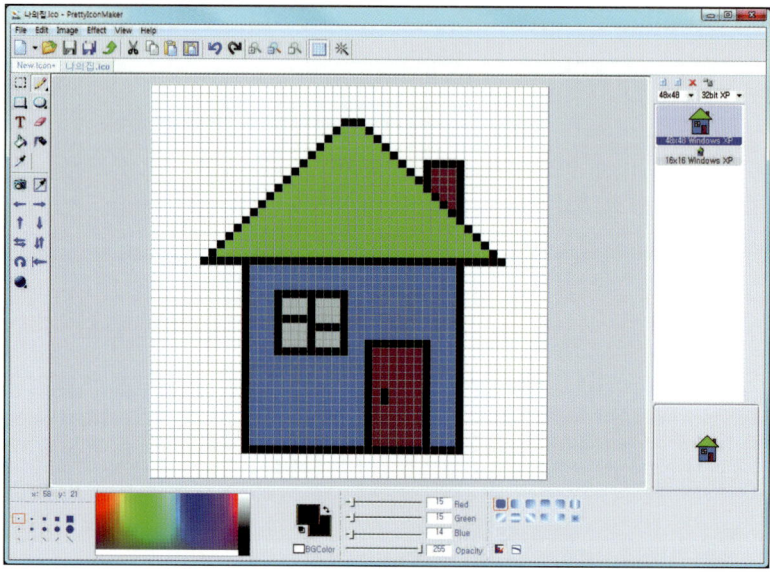

02 '48×48' 크기와 '16×16' 크기의 편지봉투 아이콘을 각각 만든 후 '편지봉투'로 저장해 보세요.

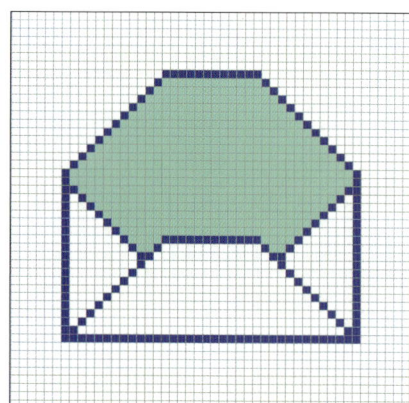 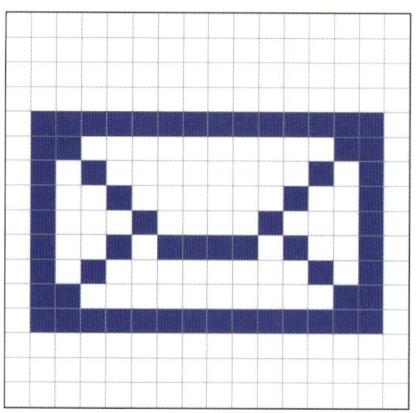

03 저장한 '나의집'과 '편지봉투' 아이콘으로 다른 아이콘의 모양을 변경해 보세요.

13 우리집 욕실 디자인하기

학습목표
- 욕실 벽과 바닥을 만들어요.
- 가구를 배치하고 벽과 바닥을 꾸며요.

▶ 설치 파일 : SweetHome3D-4.6-windows.exe, Korean-3.2.sh3l
▶ 예제 파일 : 화장실.jpg

톡톡! 유틸리티

우리집의 욕실을 내가 원하는 벽과 바닥으로 꾸민 후 욕조, 세면대 등 여러 가지 가구들을 마음대로 배치할 수 있다면 인테리어 전문가가 부럽지 않을 거예요. 이번 시간에는 평면도 위에 여러 가지 가구를 배치하여 우리집 욕실과 내 방을 멋지게 꾸미는 방법에 대해 알아보아요.

미션 1 욕실 벽과 바닥을 만들어 보아요.

1 설치 파일 폴더에서 'SweetHome3D-4.6-windows.exe' 파일을 더블클릭하여 설치합니다. [평면도]-[배경 이미지 삽입]을 클릭하여 [배경 이미지 마법사]가 실행되면 [이미지 선택]을 클릭합니다.

> **Tip** 프로그램을 설치한 후 메뉴를 한글로 변경하기 위해서는 'Korean-3.2.sh3l' 파일을 실행해야 해요.

2 [이미지 선택] 대화상자가 나타나면 '화장실' 파일을 선택한 후 [열기] 단추를 클릭하고 이어서 [계속하기] 단추를 클릭합니다.

13 • 우리집 욕실 디자인하기 63

❸ '그은 선의 길이' 입력란에 '300'을 입력한 후 [계속하기] 단추를 클릭하고 'X'와 'Y' 입력란은 '0'으로 둔 상태로 [끝내기] 단추를 클릭합니다.

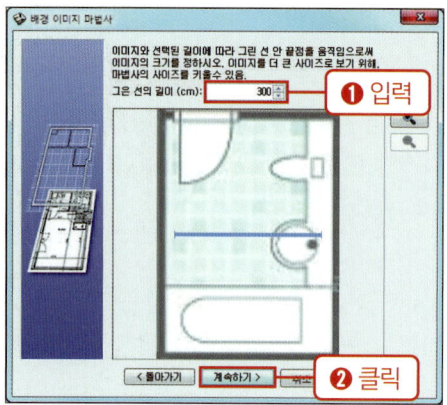
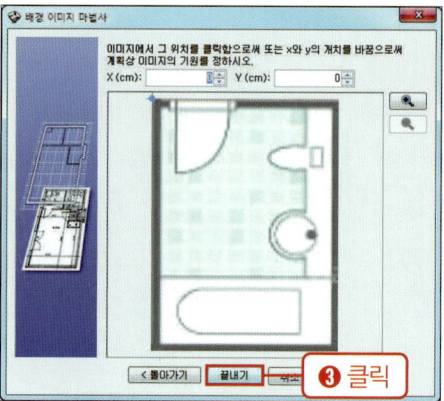

❹ [벽 생성(🏠)] 도구를 클릭한 후 평면도의 모서리 부분을 클릭하여 벽을 만들고 Esc 를 눌러 벽 생성을 마칩니다.

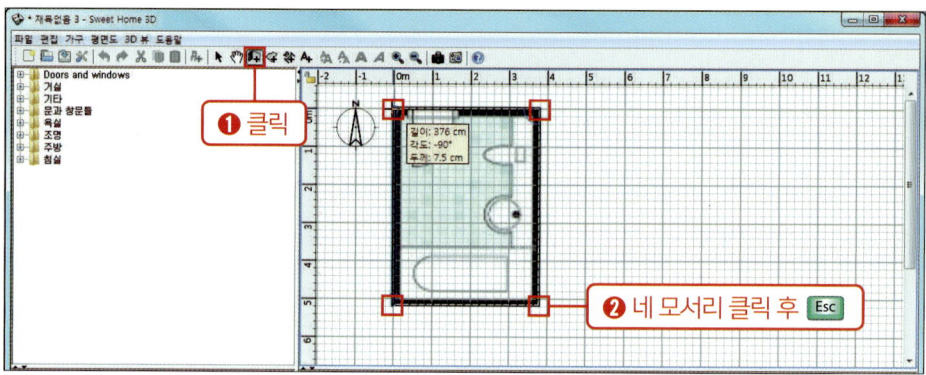

❺ 같은 방법으로 [방 생성(🏠)] 도구를 클릭한 후 평면도의 모서리 부분을 클릭하여 방을 만들고 Esc 를 눌러 방 생성을 마칩니다.

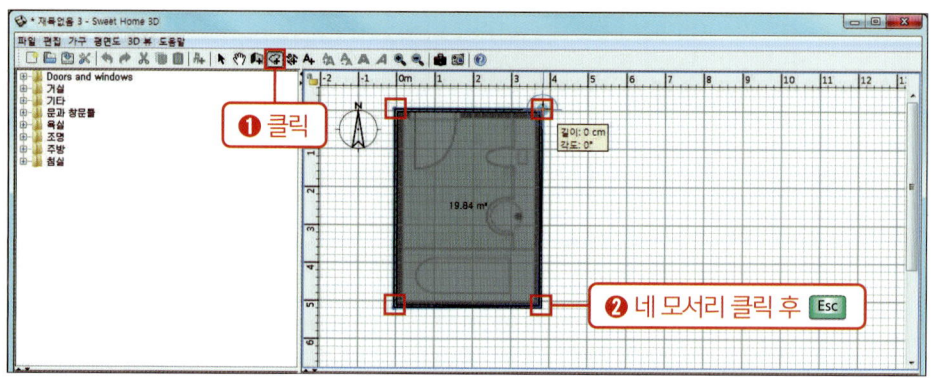

 **미션 2** **가구를 배치하고 벽과 바닥을 꾸며 보아요.**

① [욕실] 폴더에서 '화장실', '세면대', '맞춤 욕조'를 각각 드래그하여 삽입한 후 크기와 위치를 지정합니다.

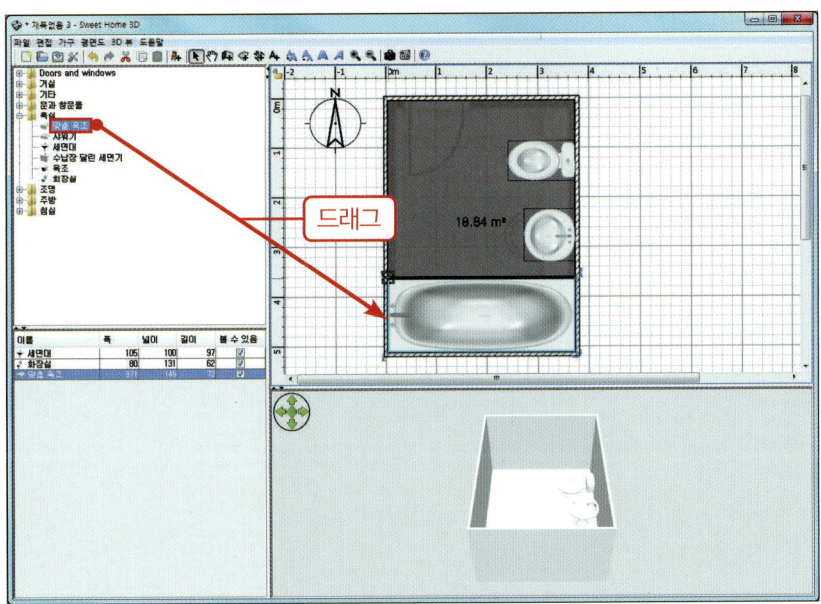

② 같은 방법으로 [문과 창문들] 폴더에서 '문'과 '두개의 작은 창'을 각각 드래그하여 삽입한 후 크기와 위치를 지정합니다.

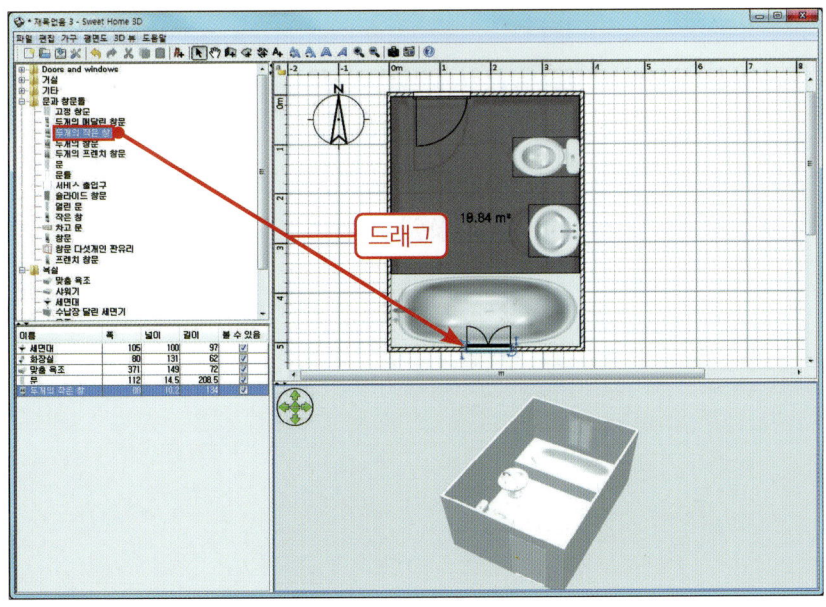

13 · 우리집 욕실 디자인하기 65

❸ 평면도의 '벽'을 더블클릭하여 [벽 수정] 대화상자가 나타나면 '재질' 항목을 선택한 후 원하는 벽 종류를 선택하고 [확인] 단추를 클릭합니다.

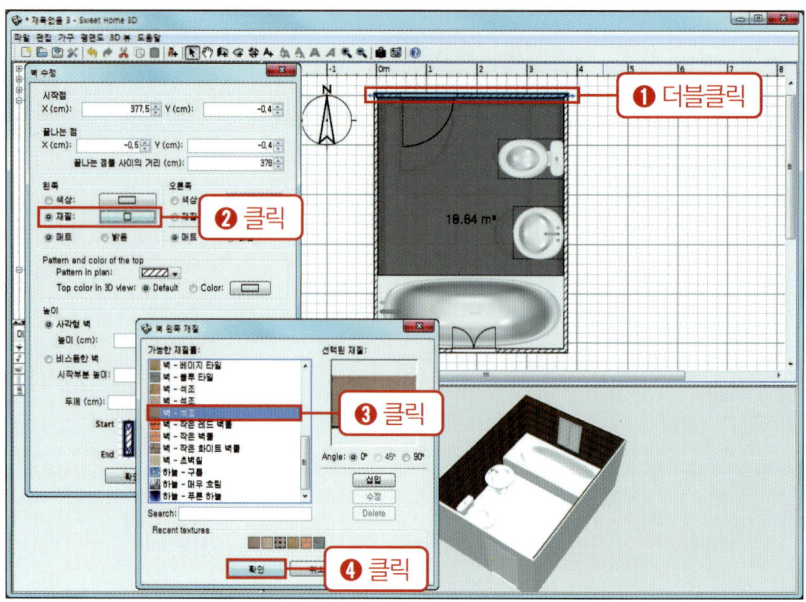

❹ 같은 방법으로 평면도의 '바닥'을 더블클릭하여 [방 수정] 대화상자가 나타나면 '재질' 항목을 선택한 후 원하는 바닥 종류를 선택하고 [확인] 단추를 클릭합니다.

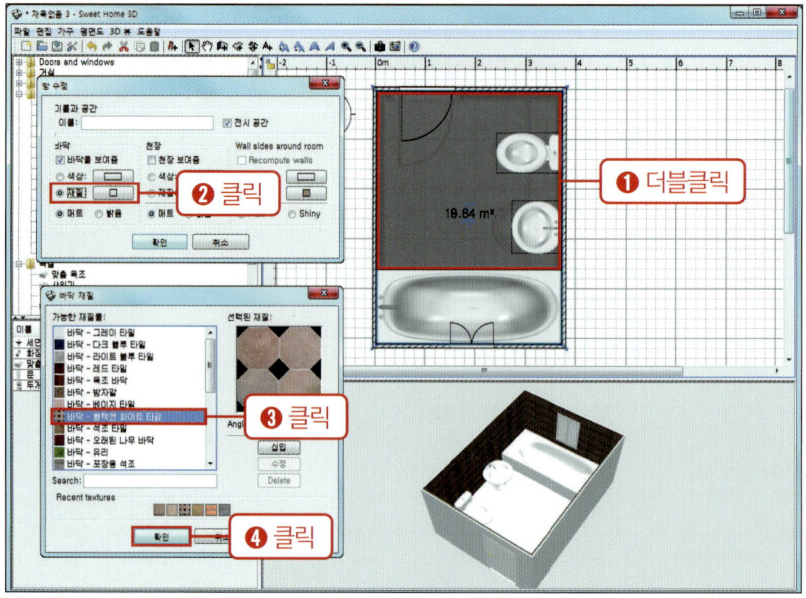

❺ [파일]-[다른 이름으로 저장]을 클릭하여 '욕실'로 저장합니다.

13 혼자 할 수 있어요!

• 예제 파일 : 방.jpg

01 '방' 평면도를 불러온 후 그림과 같이 '벽'과 '바닥', '문'과 '창문'을 만들어 보세요.

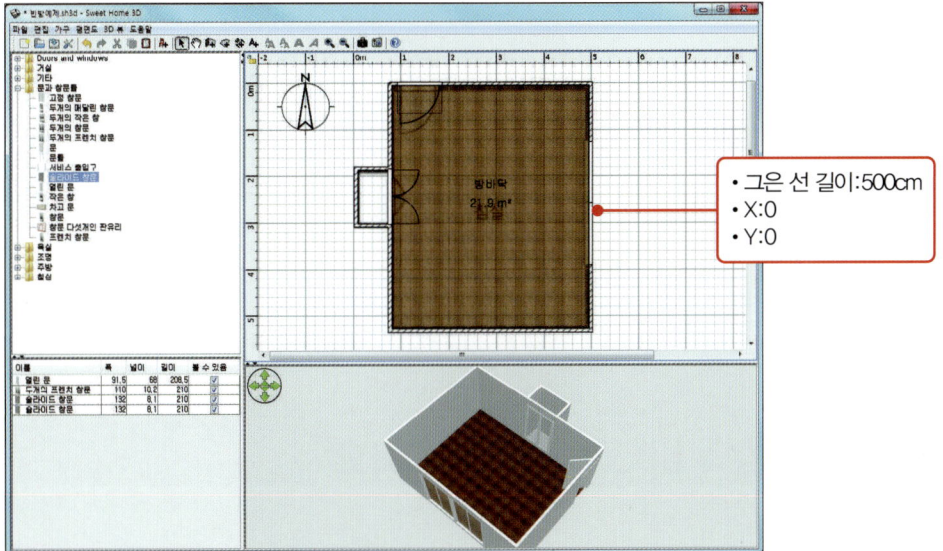

• 그은 선 길이 : 500cm
• X:0
• Y:0

02 그림과 같이 방에 어울리는 여러 가지 가구를 드래그하여 배치해 보세요.

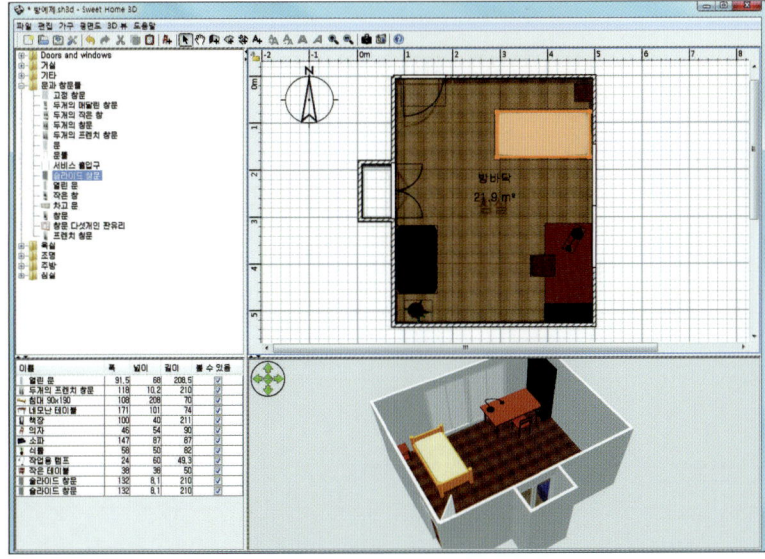

14 우리집 거실 디자인하기

학습목표
- 거실과 주방의 벽과 바닥을 만들어요.
- 가구를 배치하고 꾸며요.

▶ 설치 파일 : SweetHome3D-4.6-windows.exe, Korean-3.2.sh3l
▶ 예제 파일 : 거실주방.jpg

톡톡! 유틸리티

우리 가족이 함께 하는 거실과 주방을 여러분이 생각하고 있던 모습으로 멋지게 꾸며보고 싶지 않나요? 식상해진 쇼파를 새 쇼파처럼 화려한 색깔로 바꾸거나 오래 사용한 냉장고의 디자인도 새롭게 디자인하여 변화를 줄 수 있어요. 그럼 이제 시작해 보아요.

미션 1 거실과 주방의 바닥을 만들어 보아요.

 프로그램을 실행한 후 [평면도]-[배경 이미지 삽입]을 클릭하여 '거실주방' 파일을 선택하고 '그은 선의 길이'를 '700', X, Y를 '0'으로 지정합니다. 이어서 평면도가 삽입되면 [벽 생성( )] 도구를 이용하여 그림과 같이 2개의 벽을 만듭니다.

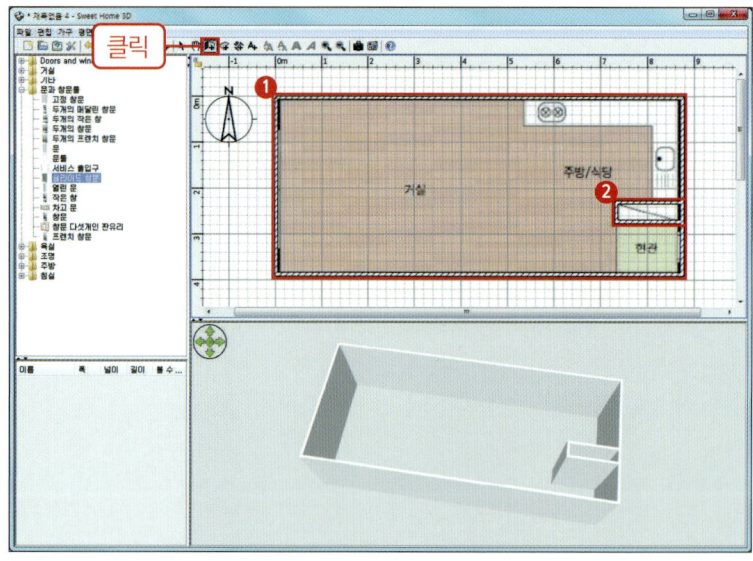

② 같은 방법으로 [방 생성(　)] 도구를 이용하여 그림과 같이 2개의 바닥을 만듭니다.

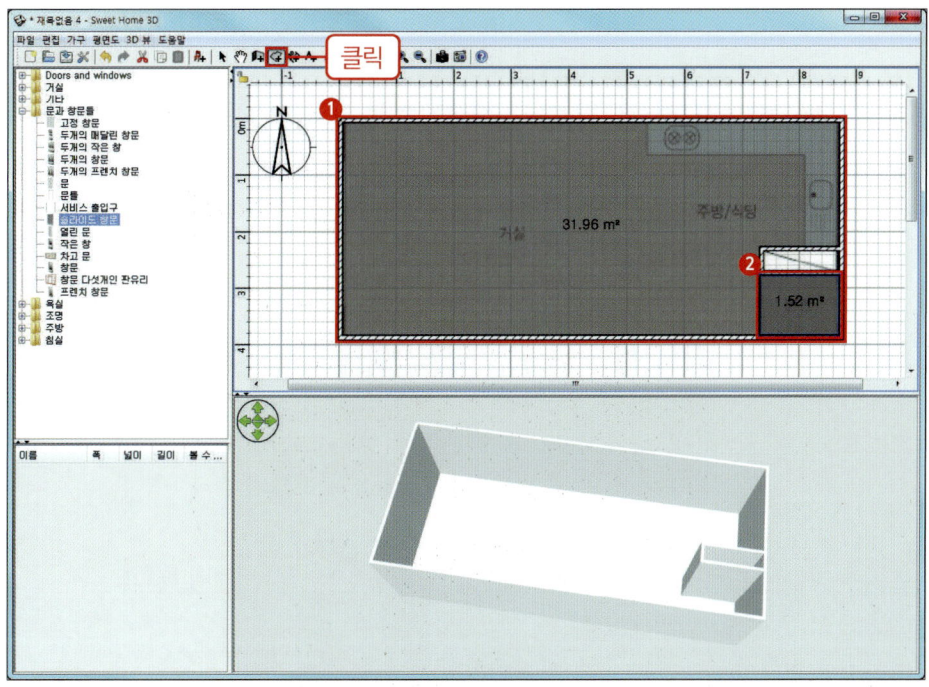

③ [주방] 폴더에서 '싱크대'와 '레인지', '주방 진열대'를 각각 드래그하여 삽입한 후 그림과 같이 크기와 위치를 지정합니다.

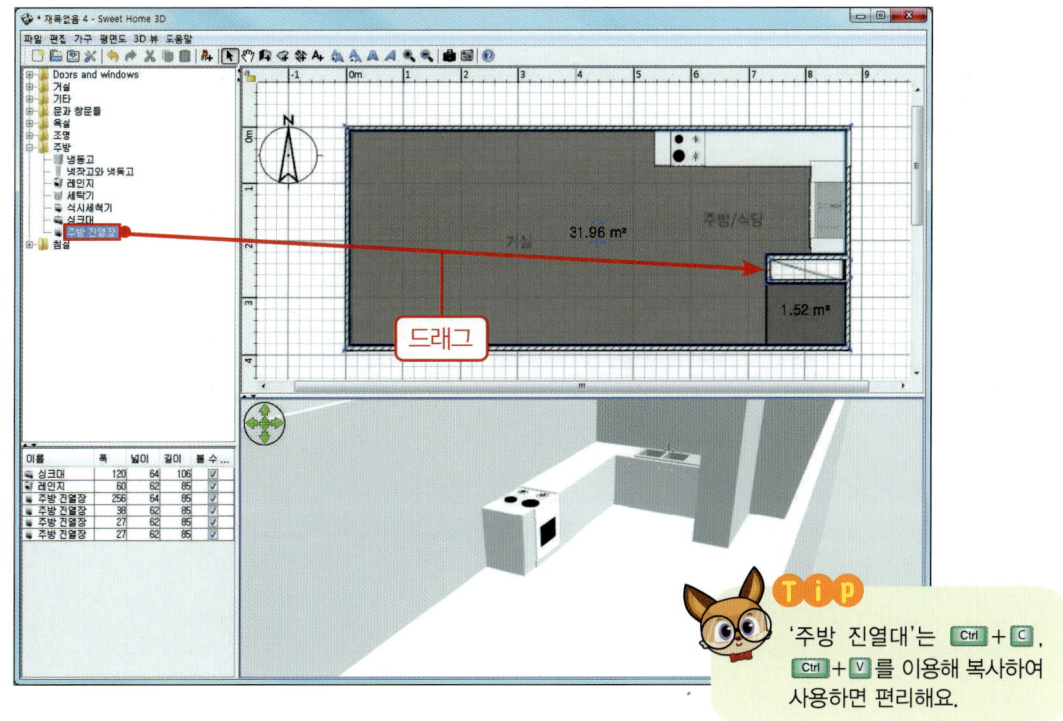

T i P
'주방 진열대'는 Ctrl + C , Ctrl + V 를 이용해 복사하여 사용하면 편리해요.

미션 2 가구를 배치하고 꾸며 보아요.

❶ [문과 창문들] 폴더에서 '슬라이드 창문'과 '열린 문'을 드래그하여 삽입한 후 그림과 같이 벽과 바닥의 재질을 지정합니다.

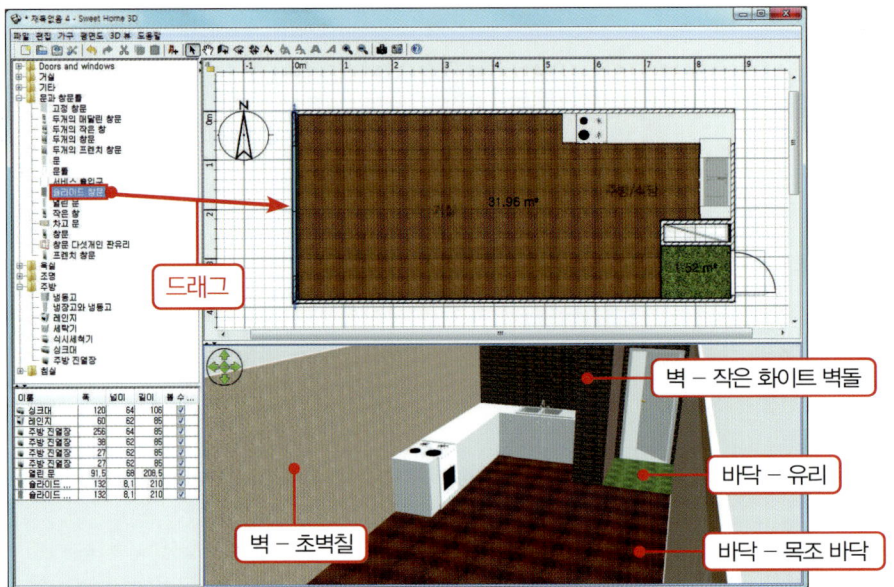

❷ 다양한 가구를 배치하고 가구를 꾸며 봅니다.

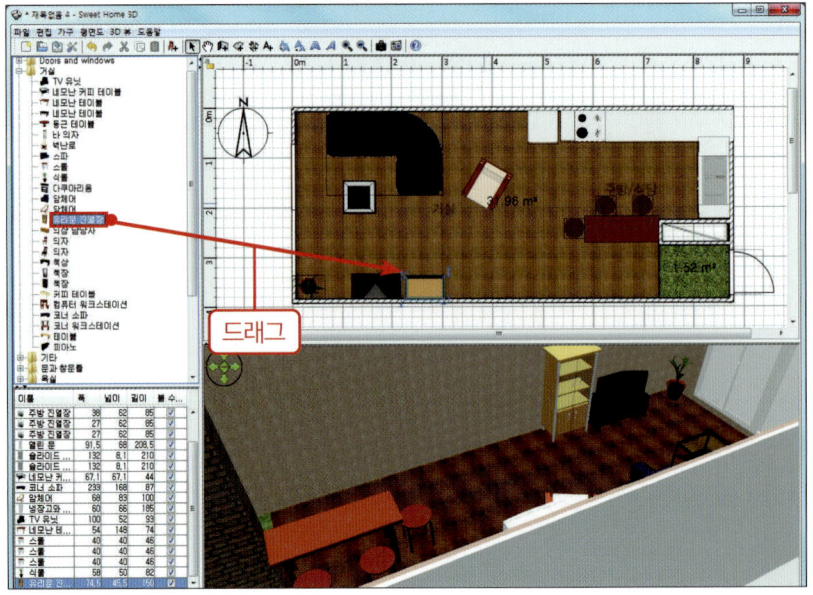

❸ '쇼파'를 더블클릭하여 [변경된 가구] 대화상자가 나타나면 '거울같은 모양' 항목을 선택하고 원하는 색상을 지정한 후 결과를 확인해 봅니다.

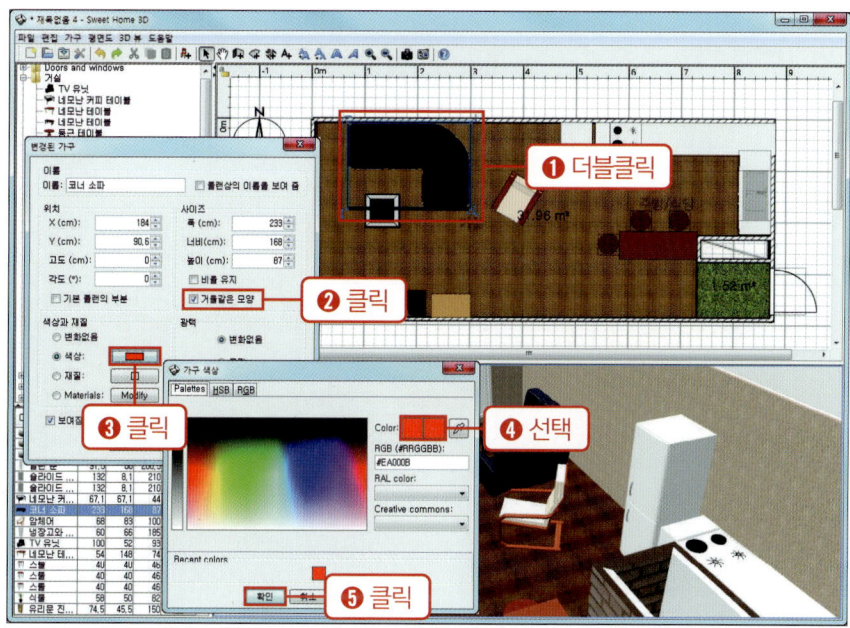

❹ 같은 방법으로 '냉장고'를 더블클릭한 후 [Modify] 단추를 클릭하여 'white' 항목의 색을 지정하고 결과를 확인해 봅니다.

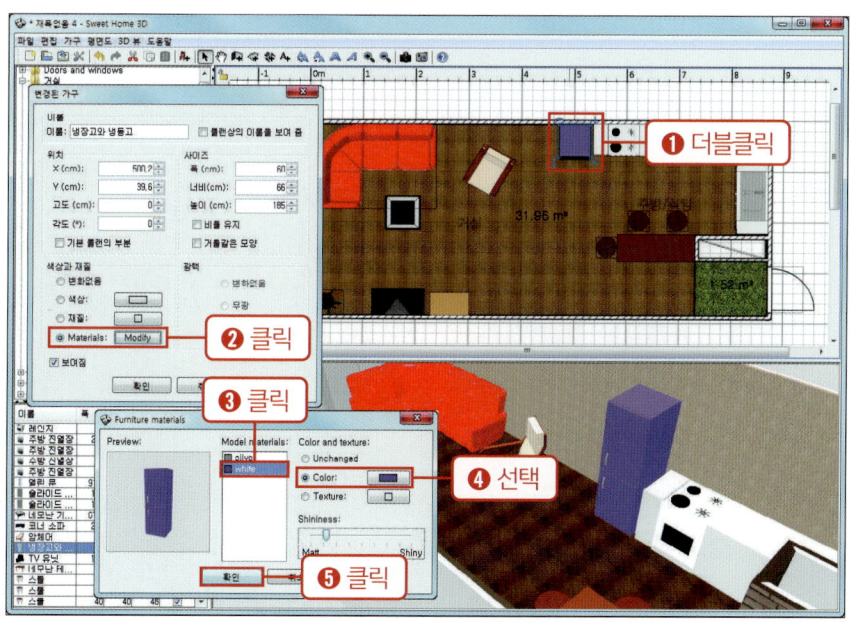

❺ [파일]-[다른 이름으로 저장]을 클릭하여 '거실주방'으로 저장합니다.

14 혼자 할 수 있어요!

• 예제 파일 : 우리거실.jpg

01 '우리거실' 평면도를 불러온 후 그림과 같이 주방과 거실을 꾸며 보세요.

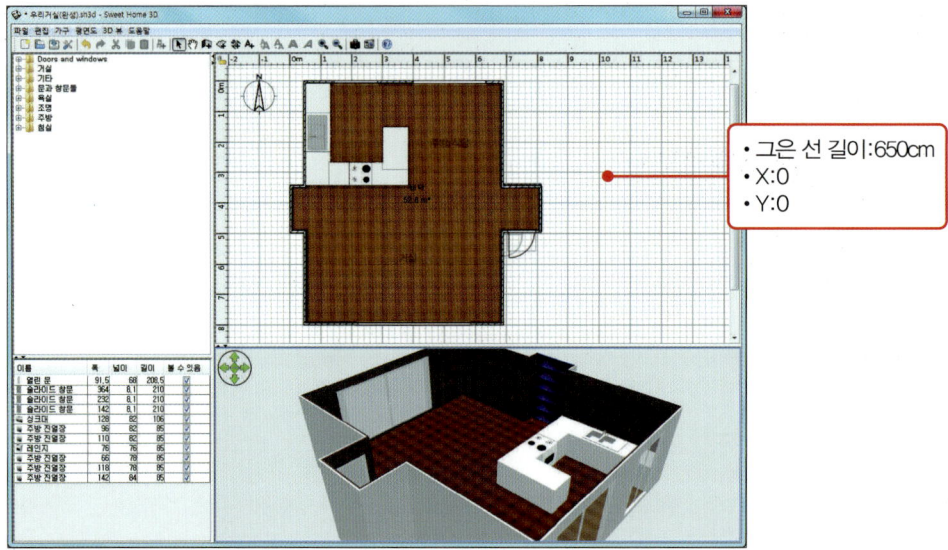

- 그은 선 길이:650cm
- X:0
- Y:0

02 그림과 같이 주방과 거실에 어울리는 가구들을 배치한 후 원하는 대로 꾸며 보세요.

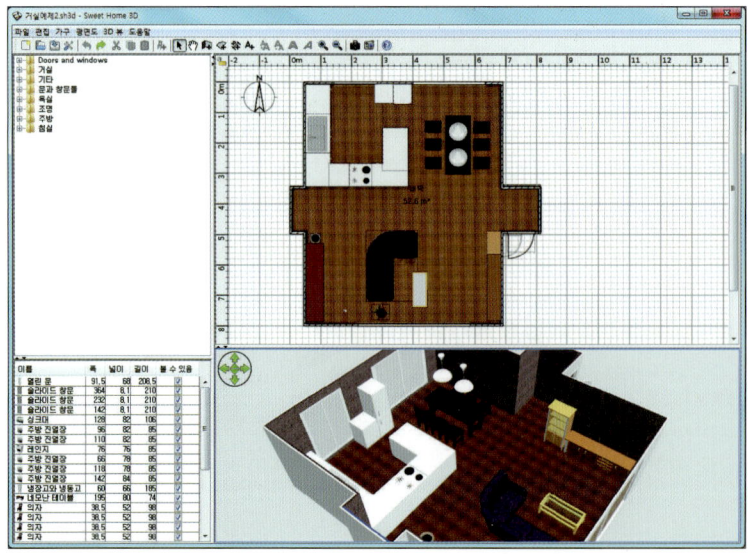

15 문화축제 동영상 만들기

학습목표

• 여러 동영상을 하나로 합쳐요.
• 동영상에 여러 가지 효과를 넣어요.

▶ 설치 파일 : MagicOne.exe
▶ 예제 파일 : 댄스.avi, 뮤지컬.avi, 바이올린.avi, 사물놀이.avi, 하모니카.avi, 로고.png

톡톡! 유틸리티

오래 동안 간직하고 싶은 추억의 동영상을 TV 프로그램과 같이 멋지게 만들어 둔다면 시간이 지난 후에도 쉽게 찾아볼 수 있겠죠? 여러 개의 동영상을 하나로 합치고 화려한 화면 효과와 장면전환 효과를 사용하여 나만의 동영상을 만들어 보아요.

미션 1 여러 동영상을 하나로 합쳐 보아요.

① 설치 파일 폴더에서 'MagicOne.exe' 파일을 더블클릭하여 프로그램을 실행한 후 [15강] 폴더에서 '댄스', '뮤지컬', '바이올린', '사물놀이', '하모니카' 동영상 파일을 순서대로 드래그 합니다.

Tip '매직원' 프로그램을 실행하면 약 5초 정도의 시간이 지난 후 프로그램이 실행돼요.

2 '댄스' 동영상을 선택한 후 [가위()] 도구를 클릭하여 자르기 점이 표시되면 그림과 같이 자를 영역을 선택하고 다시 [가위()] 도구를 클릭하여 결과를 확인합니다.

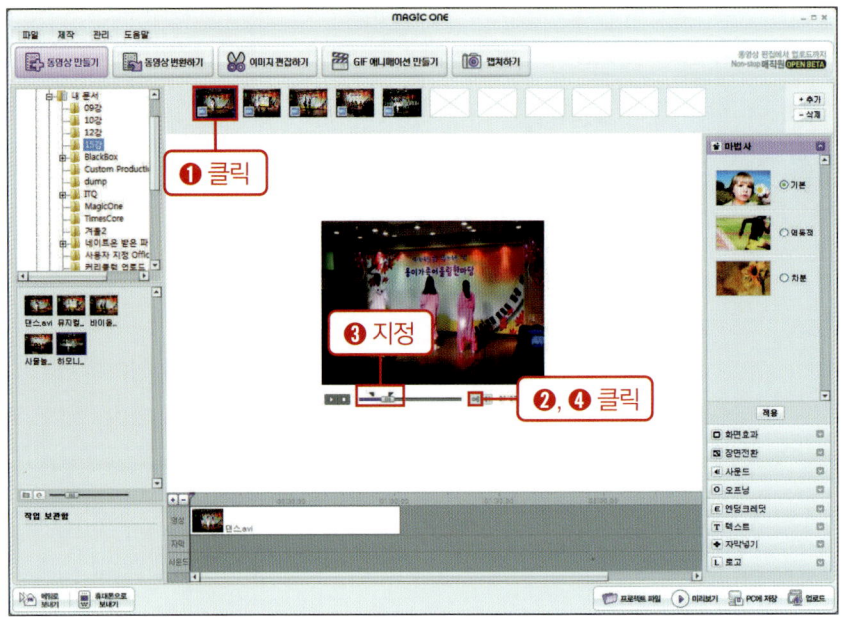

3 같은 방법으로 나머지 동영상들도 원하는 영역만 자른 후 '사물놀이' 동영상을 가장 앞으로 드래그하여 이동시킵니다.

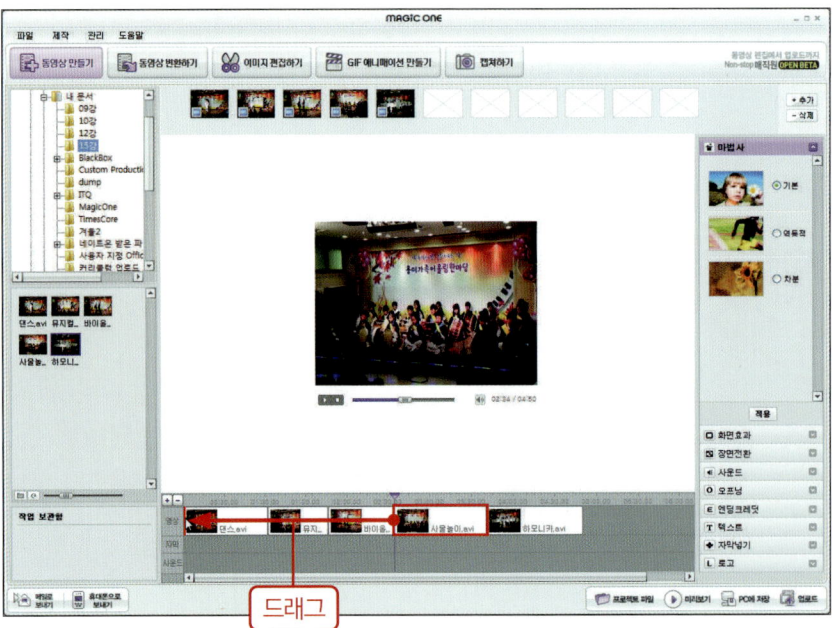

 **동영상에 여러 가지 효과를 넣어 보아요.**

① 동영상 전체에 로고를 삽입하기 위해 오른쪽 메뉴에서 [로고(L)]를 클릭하고 [찾기] 단추를 클릭하여 '로고' 파일을 삽입하고 결과를 확인해 봅니다.

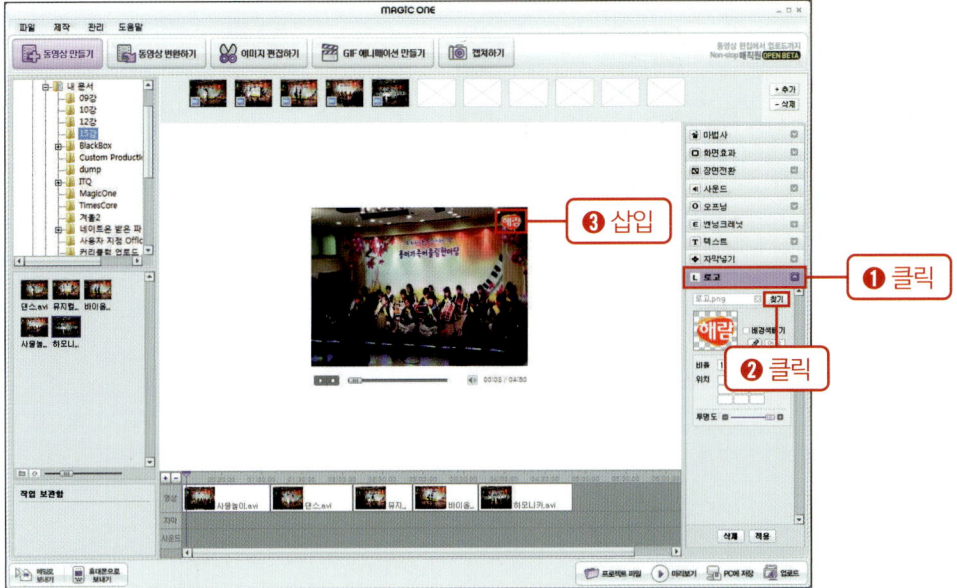

② '사물놀이' 동영상이 선택된 상태에서 [화면 효과(□)]-[분위기]를 클릭하여 [화면 효과] 대화 상자가 나타나면 '흑백'을 선택한 후 [확인] 단추를 클릭하여 결과를 확인해 봅니다.

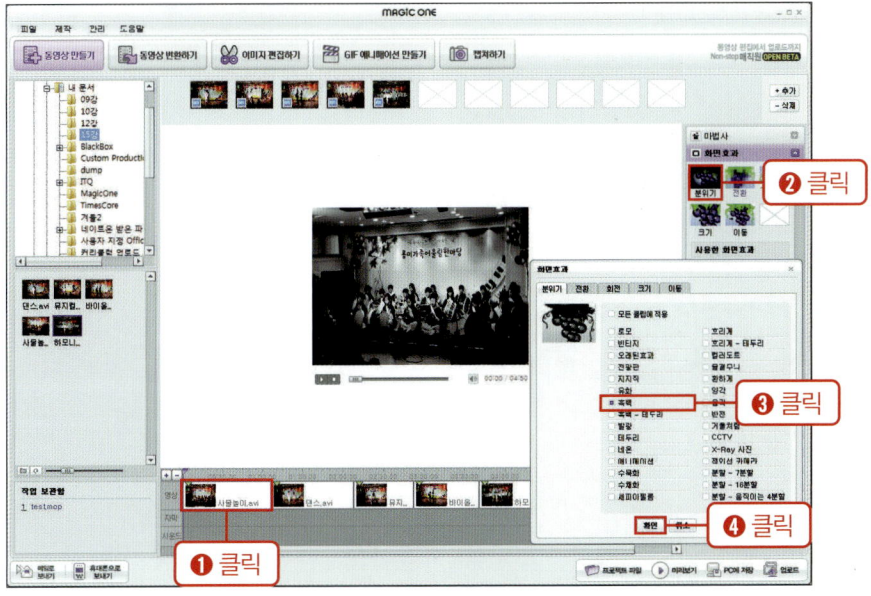

③ 같은 방법으로 나머지 동영상에도 '화면 효과'를 지정해 봅니다.

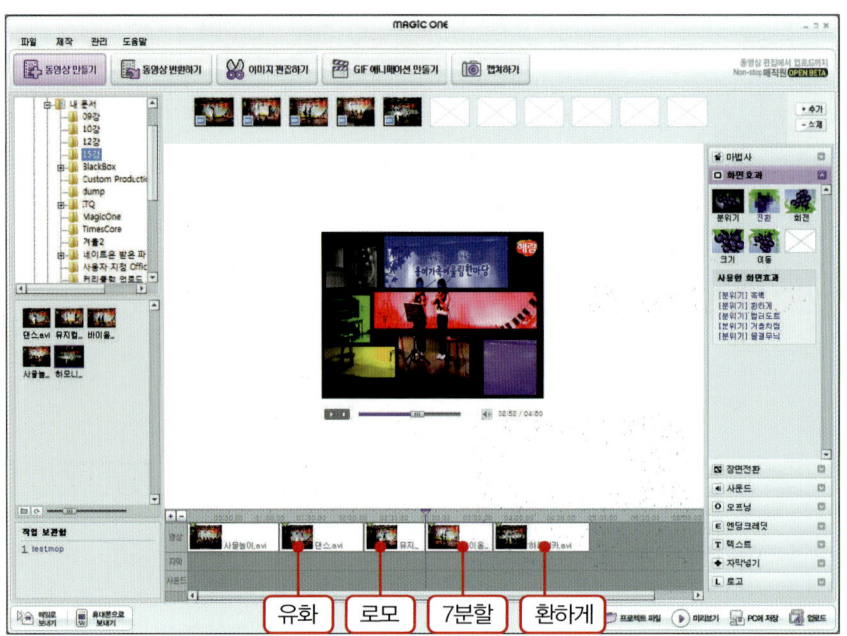

④ '댄스' 동영상이 선택된 상태에서 [장면전환(■)]-[전환]을 클릭하여 [장면전환] 대화상자가 나타나면 '원'을 선택하고 [확인] 단추를 클릭하여 결과를 확인해 봅니다.

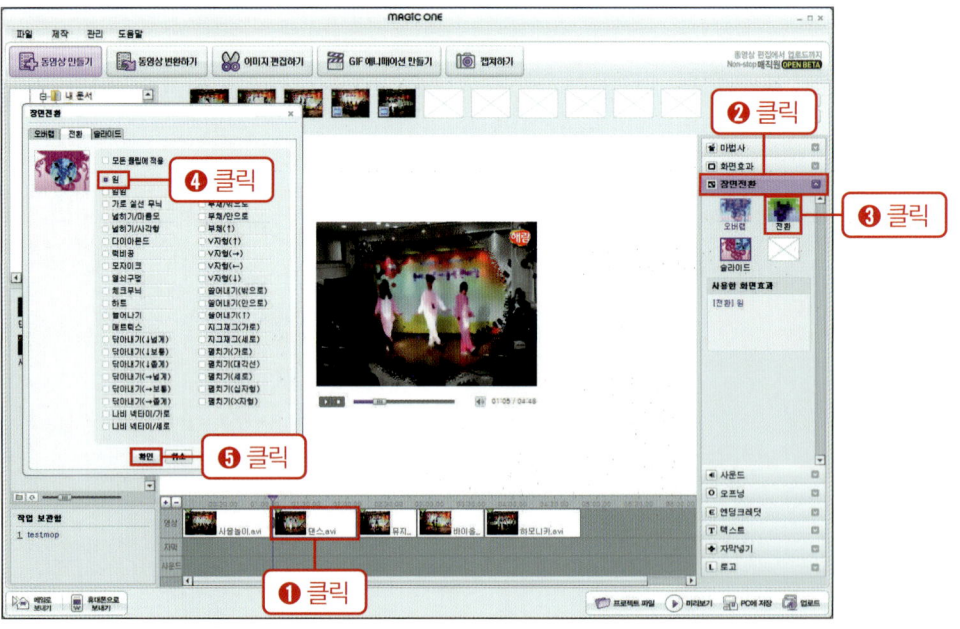

⑤ 나머지 동영상에도 원하는 '장면전환' 효과를 지정하고 [파일]-[저장하기]-[프로젝트 파일로 저장]을 클릭하여 '문화행사(완성)'로 저장합니다.

혼자 할 수 있어요!

• 예제 파일 : 놀이터1.avi, 놀이터2.avi, 놀이터3.avi, 혼자하기로고.png

01 '놀이터1', '놀이터2', '놀이터3' 동영상을 하나로 합친 후 로고를 삽입해 보세요.

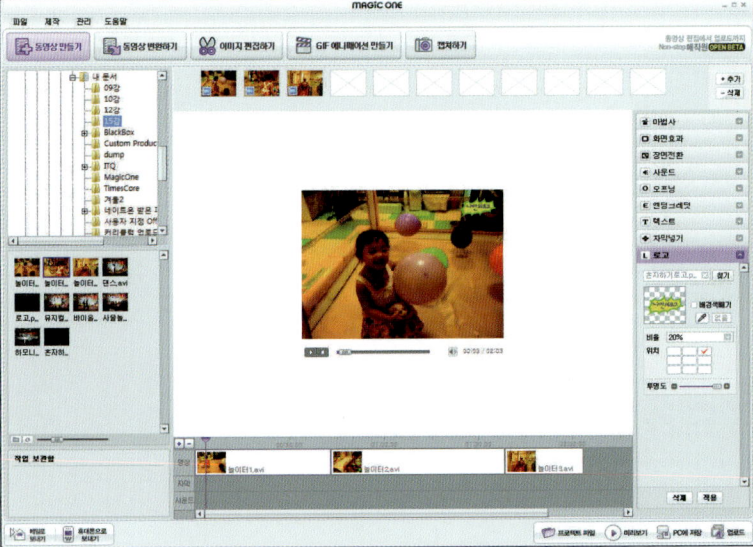

02 화면 효과와 장면전환을 지정하여 동영상을 원하는 대로 꾸며 보세요.

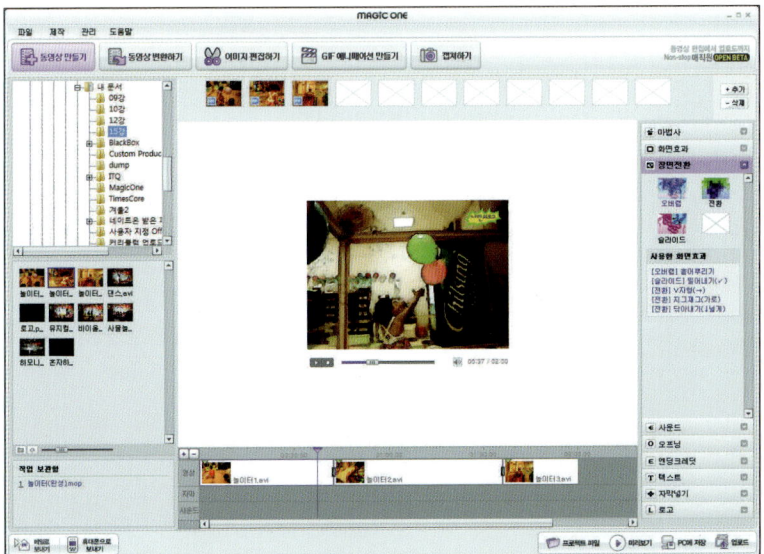

16 음악과 자막이 있는 동영상 만들기

학습목표
- 모든 클립에 효과를 적용해요.
- 배경음악과 자막을 삽입해요.

▶ 설치 파일 : MagicOne.exe
▶ 예제 파일 : 인트로.avi, 댄스.avi, 뮤지컬.avi, 바이올린.avi, 사물놀이.avi, 하모니카.avi, 로고.png, 배경음악.aif

톡톡! 유틸리티

여러 개의 영상에서 필요한 부분만을 골라 새로운 영상을 만든 후 다양한 효과를 적용하는 방법에 대해 알아보았나요? 이제는 만들어진 영상에 어울리는 배경음악을 삽입하고 기록하고 싶은 간단한 내용들을 자막으로 만드는 방법에 대해 알아보아요.

미션 1 모든 클립에 효과를 적용해 보아요.

1. [매직원] 프로그램을 실행하고 [16강] 폴더에서 '인트로', '댄스', '뮤지컬', '바이올린', '사물놀이', '하모니카' 동영상을 순서대로 드래그하여 삽입한 후 원하는 영역만 잘라 그림과 같이 타임라인에 추가합니다.

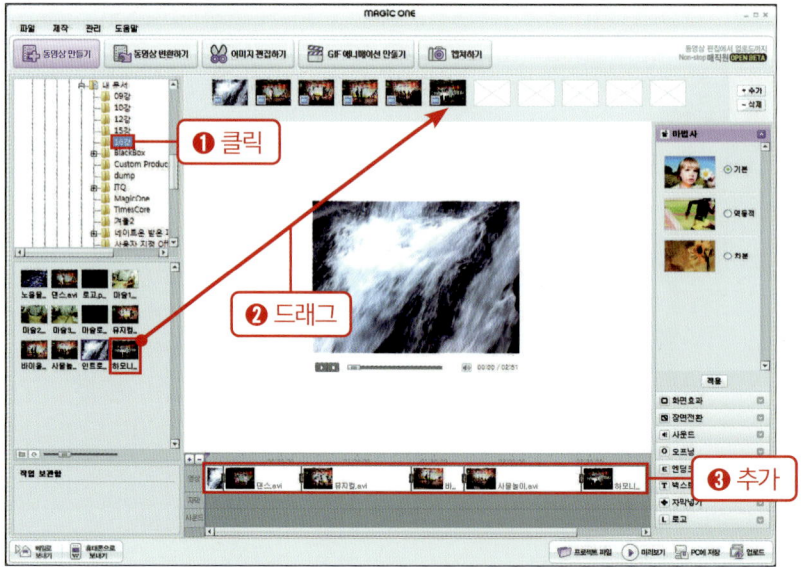

② 오른쪽 메뉴에서 [로고(L)]를 클릭하고 [찾기] 단추를 클릭하여 '로고' 파일을 삽입한 후 결과를 확인해 봅니다.

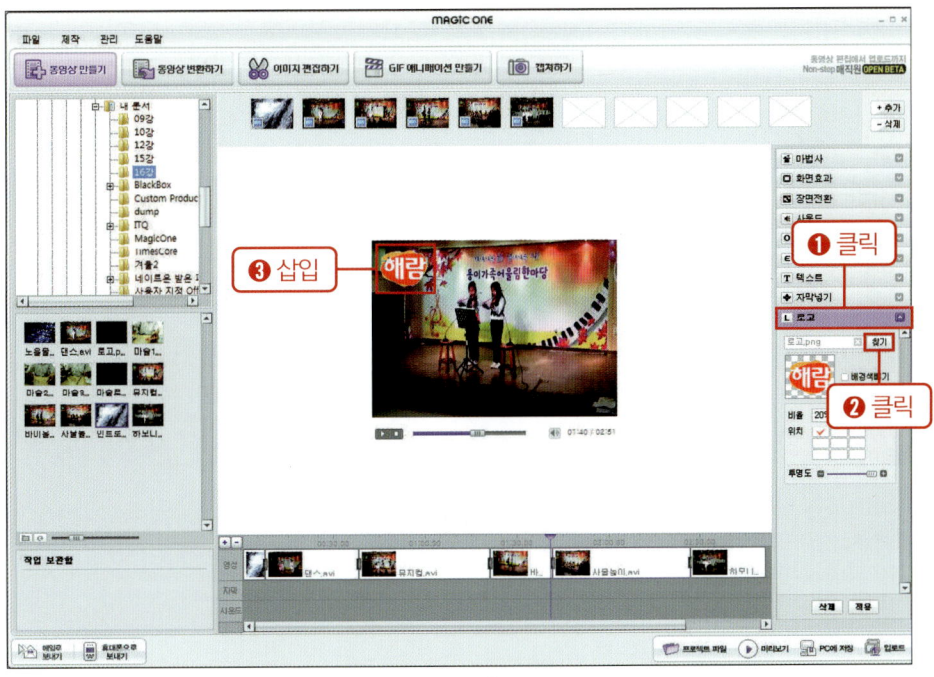

③ [장면전환(🔲)]-[오버랩]을 클릭하여 [장면전환] 대화상자가 나타나면 '페이드'를 선택하고 '모든 클립에 적용'을 선택한 후 [예] 단추와 [확인] 단추를 순서대로 클릭합니다.

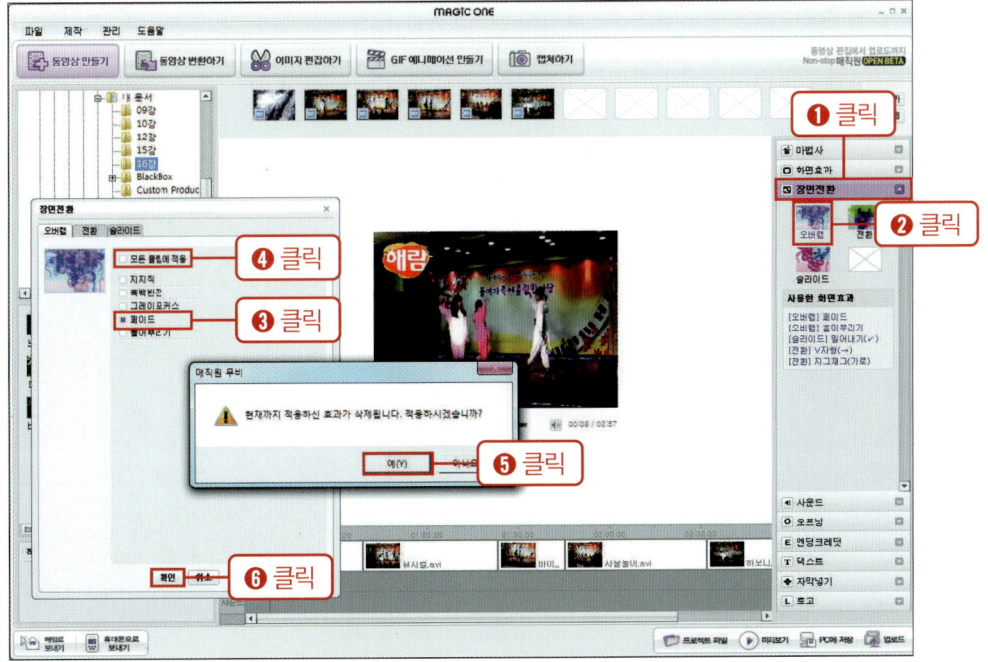

 **배경음악과 자막을 삽입해 보아요.**

① [사운드(🔊)]를 클릭하고 [찾기] 단추를 클릭하여 '배경음악' 파일을 추가한 후 그림과 같이 동영상의 크기에 맞게 드래그합니다.

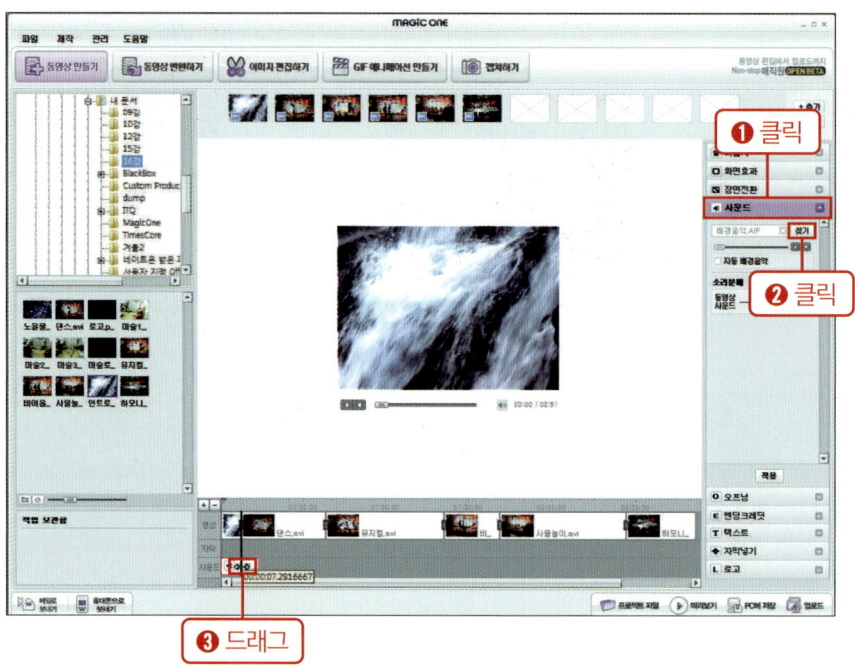

② 첫 번째 동영상을 선택하고 [자막넣기(🔲)]를 클릭하여 그림과 같이 자막을 입력하고 속성을 지정한 후 결과를 확인해 봅니다.

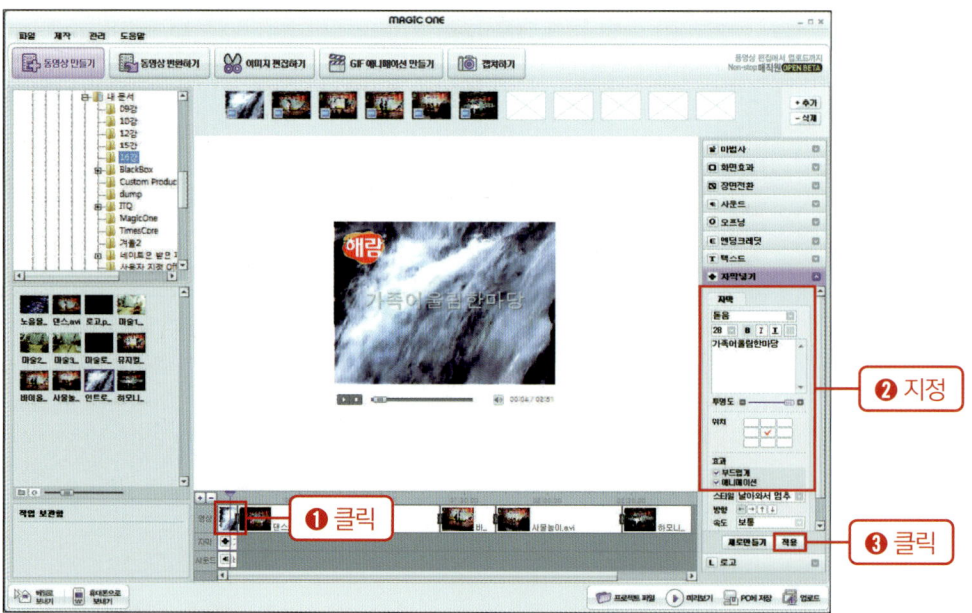

❸ [새로 만들기] 단추를 클릭하여 그림과 같이 자막을 입력하고 속성을 지정합니다. 이어서 타임라인의 자막을 영상의 길이에 맞게 드래그한 후 결과를 확인해 봅니다.

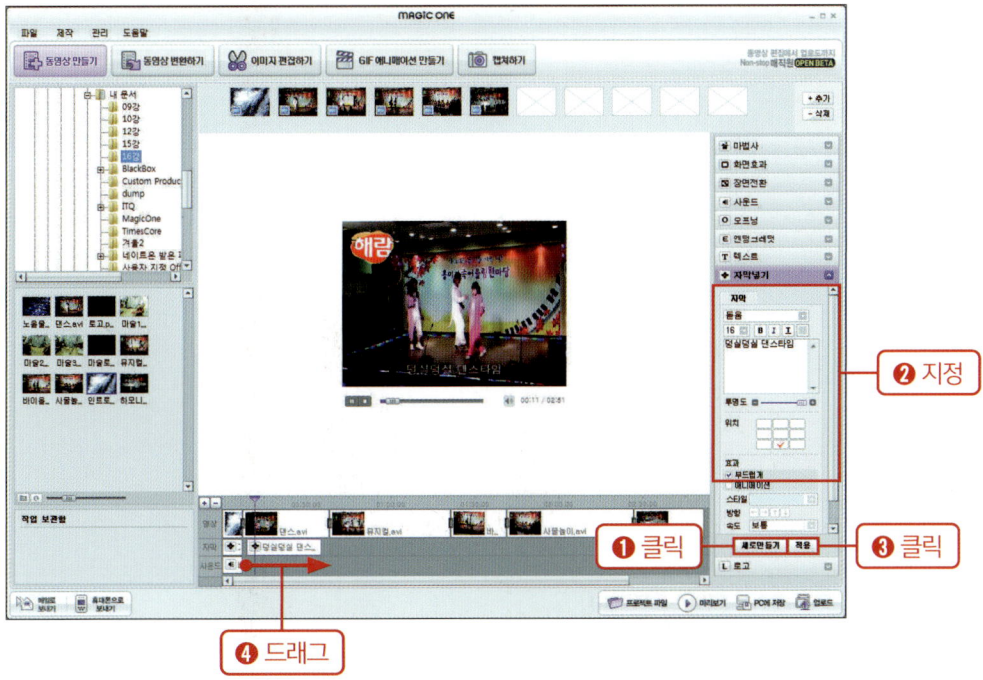

❹ 같은 방법으로 나머지 동영상에도 자막을 삽입하고 속성을 지정한 후 완성된 동영상을 '축제'로 저장해 봅니다.

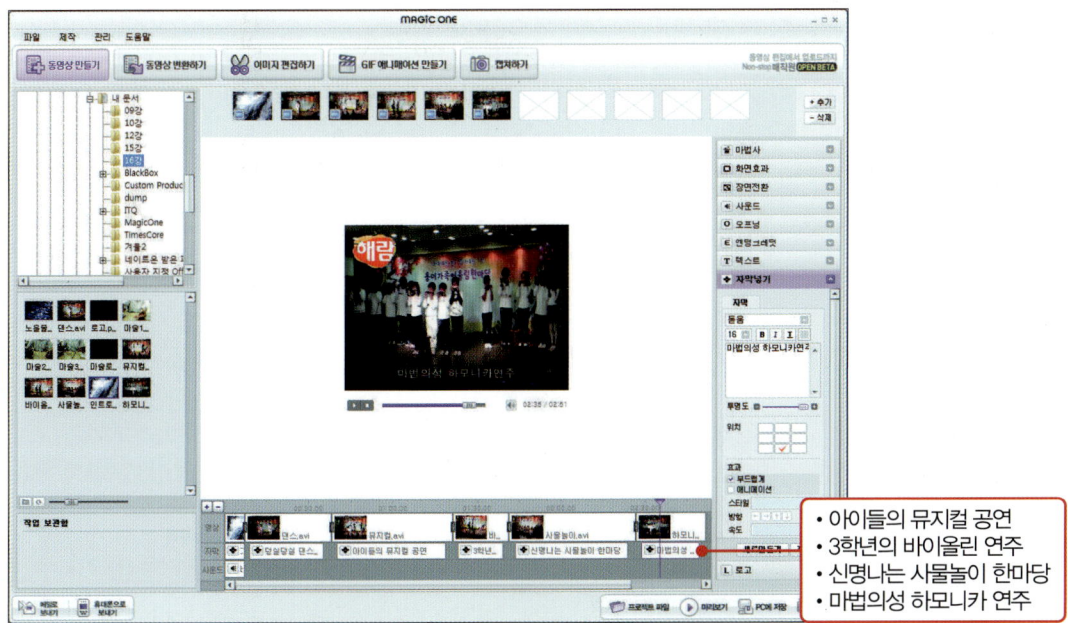

16   혼자 할 수 있어요!

• 예제 파일 : 노을물결.avi, 마술1.avi, 마술2.avi, 마술3.avi, 마술로고.png, 혼자배경음악.aif

01 '노을물결', '마술1', '마술2', '마술3' 동영상을 하나로 합친 후 그림과 같이 로고를 삽입해 보세요.

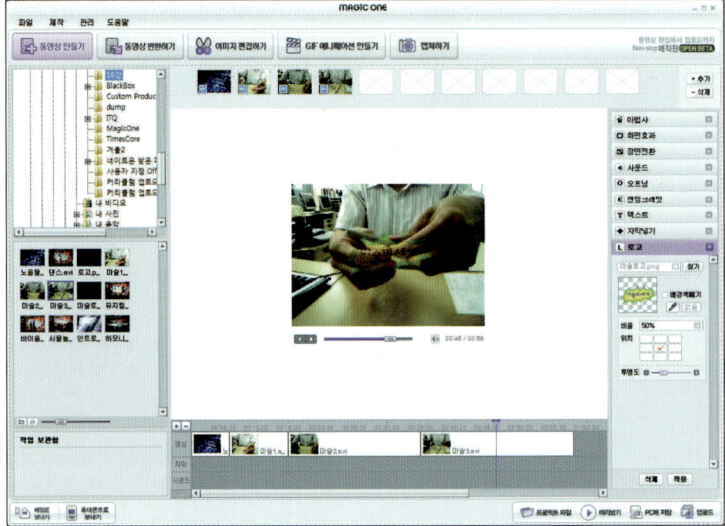

02 배경음악과 자막을 삽입하여 동영상을 완성한 후 '마술'로 저장해 보세요.

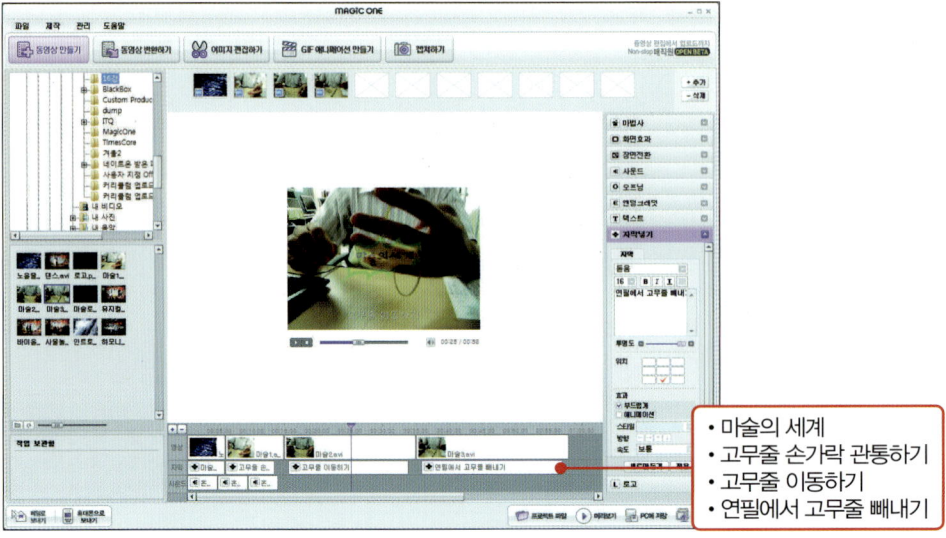

• 마술의 세계
• 고무줄 손가락 관통하기
• 고무줄 이동하기
• 연필에서 고무줄 빼내기

01   솜씨 어때요?

01 '아이콘 메이커' 프로그램을 이용하여 그림과 같이 '48×48' 크기의 '사과' 아이콘을 만든 후 '그림판'의 아이콘을 변경해 보세요.

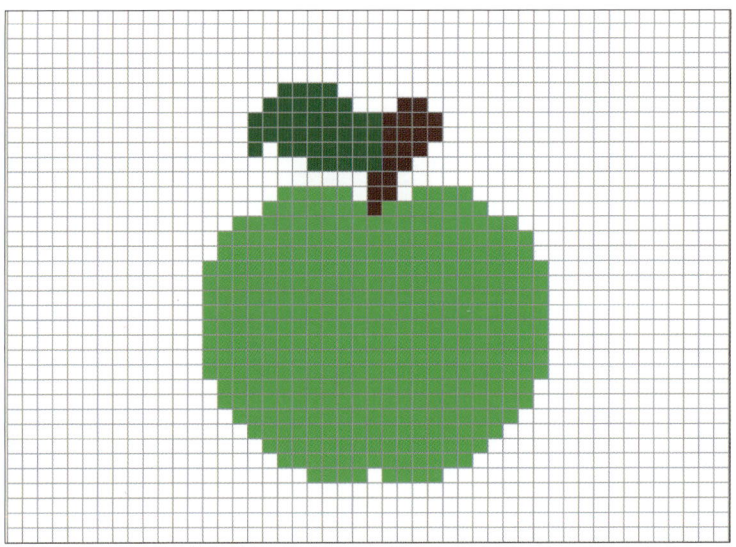

02 '아이콘 메이커' 프로그램을 이용하여 그림과 같이 '48×48' 크기의 '하트' 아이콘을 만든 후 '메모장'의 아이콘을 변경해 보세요.

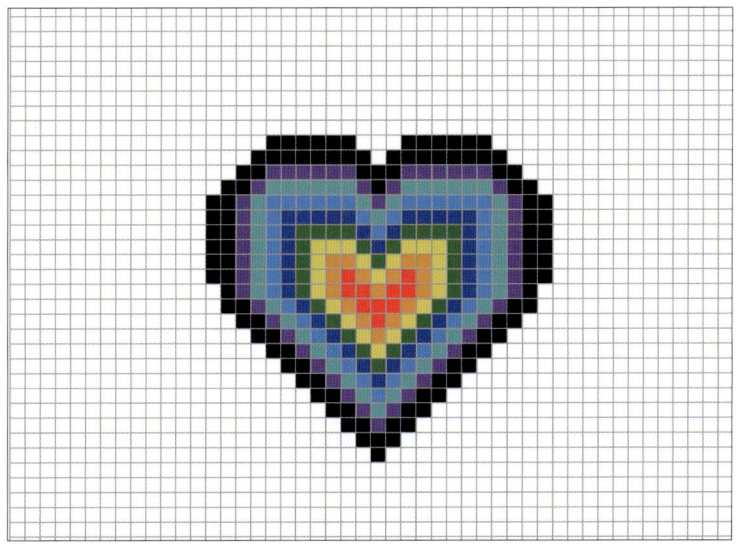

02 솜씨 어때요?

01 '알마인드' 프로그램을 이용하여 그림과 같이 자신의 계획을 만든 후 '올해의 계획'으로 저장해 보세요.

• 예제 파일 : 남자아이.png

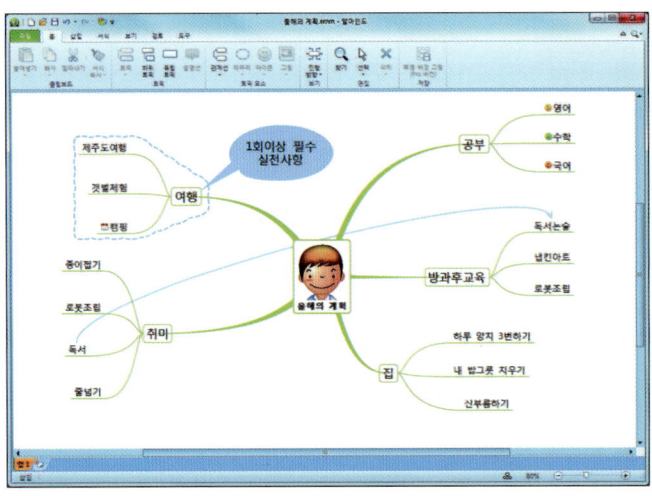

02 '알마인드' 프로그램을 이용하여 '게임'에 대한 자신의 생각을 표현한 후 '게임'으로 저장해 보세요.

• 예제 파일 : 보드게임.jpg, 친구들과의 놀이.jpg, 컴퓨터.jpg, 콘솔-SONY.jpg, 콘솔-XBOX.jpg, 콘솔-닌텐도위.jpg, 핸드폰.jpg, 활동게임.jpg

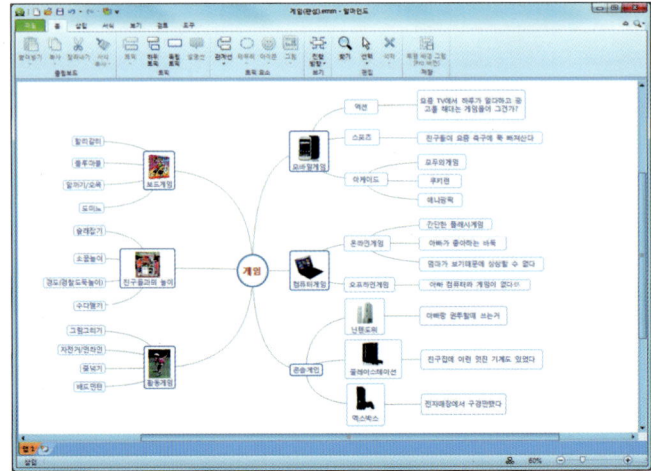

솜씨 어때요?

01 '포토스케이프' 프로그램을 이용하여 '개구리' 그림에 액자틀을 지정한 후 아이콘과 글을 이용해 편집하고 그림과 같이 움직이는 애니메이션을 만들어 보세요.

• 예제 파일 : 개구리.jpg

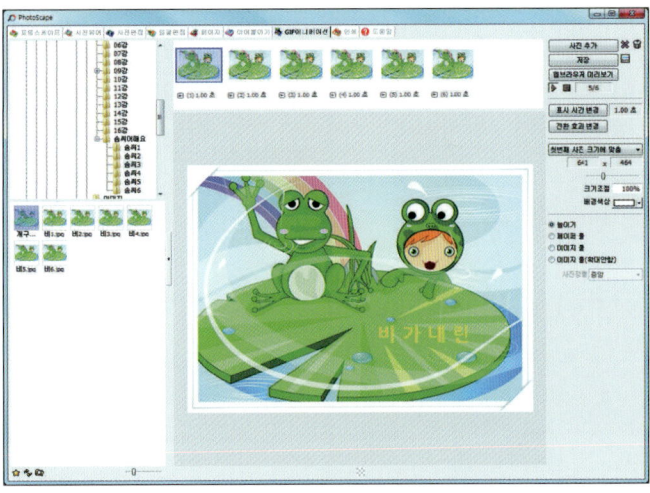

02 '포토스케이프' 프로그램을 이용하여 '종이' 그림에 액자틀을 지정한 후 아이콘과 글을 이용해 편집하고 그림과 같이 움직이는 애니메이션을 만들어 보세요.

• 예제 파일 : 종이.jpg

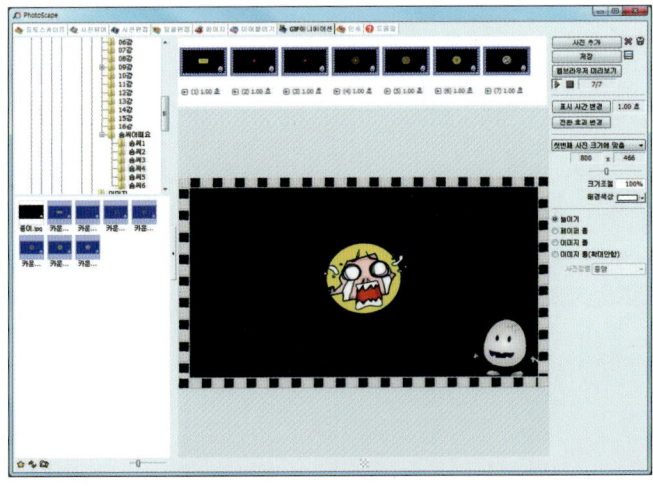

04 솜씨 어때요?

01 '스위트홈3D' 프로그램을 이용하여 '평면도1'을 불러온 후 그림과 같이 평면도를 꾸미고 '집1'로 저장해 보세요.

• 예제 파일 : 평면도1.jpg

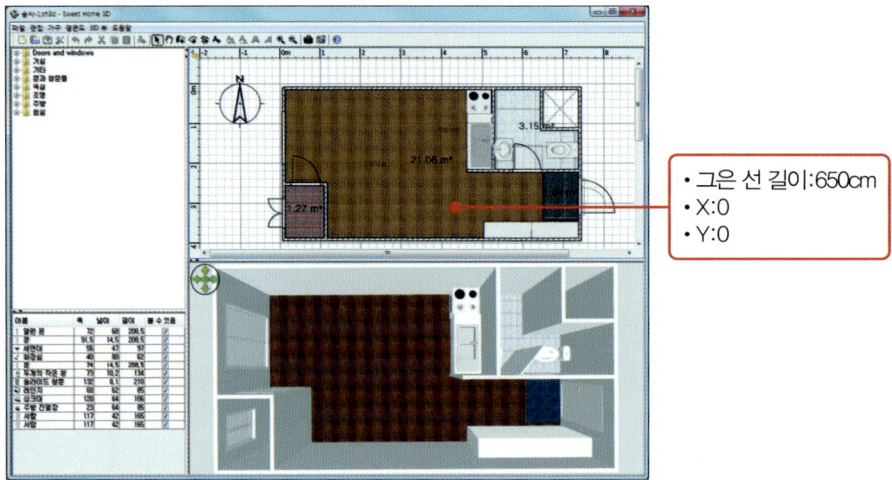

• 그은 선 길이:650cm
• X:0
• Y:0

02 '스위트홈3D' 프로그램을 이용하여 '평면도2'를 불러온 후 그림과 같이 평면도를 꾸미고 '집2'로 저장해 보세요.

• 예제 파일 : 평면도2.jpg

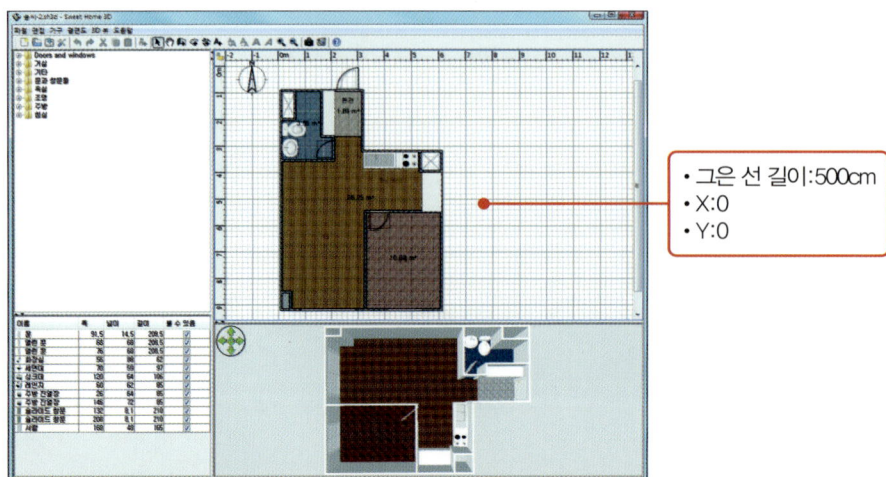

• 그은 선 길이:500cm
• X:0
• Y:0

초등 전과목
디지털학습 플랫폼

첫 달 100원
무제한 스터디밍

지금 신규 가입하면
첫 달 ~~9,500원~~ → 100원!

**초등 전과목
교과 학습**

**AI 문해력
강화 솔루션**

**AI 수학 실력
향상 프로그램**

**웹툰으로 만나는
학습 만화**

초중고 교과서 발행 부수 1위 기업 MiraeN

초등 전과목
디지털학습 플랫폼

디지털 초ㅋ

첫 달 100원
무제한 스터디밍

지금 신규 가입하면
첫 달 ~~9,500원~~ → 100원!

초ㅋ POP
초등 전과목
교과 학습

달달독해
AI 문해력
강화 솔루션

달달수학
AI 수학 실력
향상 프로그램

초ㅋTOON
웹툰으로 만나는
학습 만화

초중고 교과서 발행 부수 1위 기업 **MiraeN**